So
Easy !

make things

simple and enjoyable

太雅生活館

生活技能 046

開始到維也納
看莫札特

作者・攝影◎王瑤琴

太雅生活館

目錄Contents

34 主題篇

如何使用本書

本單元列出書中常見的符號索引、各種貼心版面設計，以及使用說明。

內文資訊符號列表

內文資訊符號

✉	地址	✉	電話
➡	交通	➡	傳真
http	網址	http	電子郵件
$	費用	$	開放時間

地圖圖示

⛪	教堂	🍴	餐廳
📷	觀光景點	🚌	巴士站
🛏	飯店	🚈	地鐵站
☕	咖啡館		

篇章 以顏色區分各個大篇章

各單元邊欄設計

每單元篇幅頁面，都以專屬邊欄示意，讓您一目了然閱讀所到之處。

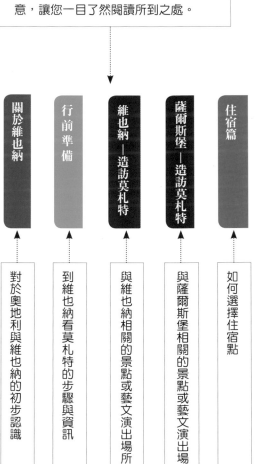

關於維也納	行前準備	維也納—造訪莫札特	薩爾斯堡—造訪莫札特	住宿篇
對於奧地利與維也納的初步認識	到維也納看莫札特的步驟與資訊	與維也納相關的景點或藝文演出場所	與薩爾斯堡相關的景點或藝文演出場所	如何選擇住宿點

主要旅遊城市街道圖

標示各景點所在位置，方便按圖索驥。

維也納地鐵系統圖，助您遊玩不迷路。

景點資訊示意

該景點的原文名稱，方便到了當地對照使用。

該景點的地址、電話、網址、開放時間與如何前往的交通方式。

重要景點平面導覽

該景點的配置平面圖，迅速掌握地理位置。

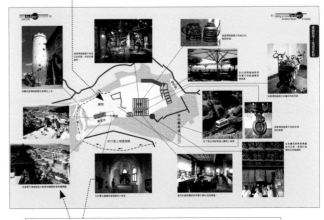

該景點各個細部值得遊賞之處，以圖文介紹。

作者序

倘若要我給自己找個理由重遊維也納，
那麼一定是為了這位音樂家——莫札特(Mozart)吧！

　　莫札特的樂曲與歌劇，雖然在地球每個角落都可聆賞，但是那種貼近音樂家心靈原鄉的感覺，唯有親自前往維也納和薩爾斯堡，才能真正領會到。

　　從旅遊的角度看維也納，這裡的交通網路四通八達，只要學會搭乘地上電車和地下鐵，即能玩遍整座城市。

　　從人文的角度看維也納，在此綻放光芒的音樂家、作曲家或歌劇演員，有如繁星之多，是世界上其他城市所無法比擬的。

　　提到莫札特，很多人都像我一樣，尚未抵達維也納之前，就已經對此天才音樂家的創作事蹟耳熟能詳；來到維也納以後，更發現莫札特的個人魅力、穿越古今，儼然成為奧地利的金字招牌。

　　莫札特從小即展露天賦異稟的音樂才華，他的童年幾乎都在遊歷歐洲各國旅行演奏；雖然他居住維也納的時間遠超過自己的家鄉，但他的音樂聲名至今仍榮耀著薩爾斯堡。

　　莫札特的作品不僅受宮廷貴族青睞，亦能夠深入庶民生活層面，原因是他的音樂有一種歡愉的特質，足以令人從困頓中找到激發的力量；每當聆聽之際，我都會忍不住如此想：莫札特曾經為生活窘迫而創作，所以他的優美曲風應該是內心自我鼓舞的聲音吧！

　　在維也納或薩爾斯堡欣賞莫札特，雖然我喜歡坐在華麗的皇宮大廳及歌劇殿堂，但我也不會錯過佇立街頭聆聽的機會；隨著莫札特的鋼琴或小提琴協奏曲，追尋昔日音樂家走過的地方，是我想和讀者分享的美妙經驗。

　　透過這本書，我想說的是：從來沒聽過莫札特音樂的人，一定要到奧地利走一趟；已經聽過莫札特音樂的人，現在開始計畫前往奧地利旅行吧！

　　　　　　　　　　　　　　　　　　　　　　王瑤琴

作者簡介　王瑤琴

台灣省嘉義市人，早期創作以散文和現代詩為主，與友人合辦過現代詩刊，後來因為愛上旅行，開始研習攝影，曾經擔任華航雜誌攝影編輯。1991年，在恆昶藝廊舉辦「王瑤琴師生攝影展」。1994年12月于台北市立美術館舉辦個人攝影展，主題「王子的居所—印度拉賈斯坦」。1995年起成為自由作家，從事旅遊報導、攝影和教學等工作，足跡遍及世界各角落，包括：印度、尼泊爾、日本、北韓、中國、西歐、東歐、南歐、北歐、美加、阿拉斯加、哥倫比亞、巴拿馬、哥斯大黎加、俄羅斯、中亞、埃及、土耳其、以色列、約旦、希臘、賽浦路斯、突尼西亞、馬爾它等等共計54個國家。其中，旅行次數超過10次以上的國家是日本、印度和尼泊爾。

著有《開始到印度助旅行》《開始到日本賞櫻》《澳洲：雪梨‧墨爾本 附大堡礁‧艾爾斯岩》《印度》、《西班牙‧葡萄牙》、《奧地利‧捷克‧匈牙利》《認識最有趣的世界朋友》（太雅出版）以及日本、印度、尼泊爾、西藏、恆河訪勝等30餘本。

來自編輯室

　　為什麼要到奧地利去看莫札特？因為音樂神童莫札特，出生於薩爾斯堡，在維也納大放異彩，許許多多的作品，都是在維也納或薩爾斯堡創作、首演的。想更親近這位音樂大師的創作歷程與生平，怎能不走一趟奧地利？

　　這本《開始到維也納看莫札特》，秉持So Easy的精神，從規畫旅行之初，就開始為您設想一切，包括幫助您：了解莫札特的生平與經典作品、如何選擇音樂會、如何購買表演節目票券、參加音樂會的必備服裝與行頭、琳瑯滿目的莫札特紀念品，並分別以大篇幅介紹維也納與薩爾斯堡這兩座城市裡與莫札特相關的景點，諸如他的出生地、他曾居住的住所、他曾演出的音樂廳、或曾在御前表演的宮殿……另外還推薦各家風格古典雅致的咖啡館，在音樂會演出前可以來此品飲一番。

　　要特別提醒您的是，本書雖已盡力提供最正確即時的各項資訊，但或許仍有未竟之處，出發前請務必再次確認所有訊息，例如景點門票與開放時間、店家營業資訊等等，祝福您一路平安順利、快樂地完成一趟音樂行旅。

特約編輯　馬栗亞

導覽篇
Overview

關於奧地利 *Austria (Österreich)*

地理

　　奧地利位於歐洲中部，東與斯洛伐克、匈牙利為鄰，西邊和瑞士、列支敦斯登接壤，南邊是斯洛維尼亞、義大利，北邊有德國、捷克等國家；境內約2/3屬於高山，其他還有丘陵、平原、河谷、盆地、湖泊、冰河……等自然景觀，具有清新優美之特點。

歷史

　　奧地利歷史最早可溯自西元前4世紀，此地建立的諾里庫姆(Noricum)王國、本來由塞爾特人控制，由於蘊藏豐富的礦產，西元前15年左右被羅馬帝國併吞；西元996年，「Ostarrichi」名稱首度出現於奧圖三世皇帝的頒文中，此乃今日奧地利的德文國名「Österreich」之由來。

　　中世紀時，對奧地利最有影響力的哈布斯堡(Habsburg)王朝，開始於1273年的魯道夫一世(Rudolf I)皇帝時期，從此展開長達640多年的統治。

哈布斯堡歷經多位皇帝之後，出現史上第一位女皇——瑪麗亞‧泰瑞莎女皇(Maria Theresa)，她在位的1740～1780年間，這位女皇發揮聰穎和睿智，將奧地利的文化和藝術推至最高峰。

1804年法蘭茲一世皇帝建立採用奧地利皇帝稱號，但僅短短兩年時間，就因為拿破崙入侵而被迫放棄「神聖羅馬帝國」頭銜並且退位。

1815年維也納會議後，德意志邦聯宣告成立，後來因於1866年普奧戰爭中落敗，使得邦聯隨之瓦解。隔年，奧地利與匈牙利簽約成立「奧匈帝國」；1918年，一次世界大戰後，奧地利和各國簽訂停戰協約，改制為第一共和國，同時奧皇卡爾1世亦宣布退位，結束哈布斯堡的統治。

1938年奧地利以「東省」(Ostmark)之名成為納粹德國附庸；1945年4月第二共和國成立；同年7月德國宣布投降，結束二次世界大戰，當時奧地利因為以德國名義參戰，所以戰後被英國、美國、法國、蘇聯等4大同盟國管轄。

1954年4月27日奧地利成立臨時政府；1955年5月，與4個佔領國簽訂主權獨立條約，同年10月26日，奧地利國會通過永久中立法，這一天後來被訂為國慶日。

政治

現代奧地利屬於聯邦制共和國，包括有：維也納(Wien)、上奧地利(Oberösterreich)、下奧地利(Niederösterreich)、薩爾斯堡(Salzburg)、提洛(Tirol)、福拉爾貝格(Vorarlberg)、肯特(Kärnten)、史泰爾馬克(Steiermark)、布根蘭(Burgenland)等9個州；於1995年元旦起正式加入歐盟國家行列。

旅遊

在奧地利旅遊，可以感受到昔日哈布斯堡王朝的魅力並未消失，當時興建的皇宮、城堡、教堂、歌劇院等，如今都已變成觀光焦點。中世紀的歷史風華，再加上維也納音樂家的鋒芒，令全球觀光客心神嚮往。

奧地利小檔案

總面積：83,858平方公里

人口：約 8,292,322人

首都：維也納

語言：德語

宗教：以天主教、基督教為主

貨幣：歐元

關於維也納 *Vienna(Wien)*

莫札特行旅

維也納是奧地利的首都,被稱為「音樂之都」,在此旅遊的最大特色是跟隨音樂家的腳步,認識昔日的哈布斯堡王朝文化與古蹟建築。

從中世紀開始,維也納的音樂聲名即擁有獨領風騷的地位,至今此地仍是培育世界頂尖音樂家的搖籃。在維也納的著名音樂家之中,最具代表性的應屬莫札特,由於這位天才音樂家的非凡成就,使得奧地利變成全球愛樂者的朝聖地。

在維也納,主要觀光景點幾乎都和莫札特有關,例如:熊布倫宮是莫札特年幼時,在瑪麗亞·泰瑞莎女皇御前演奏之處;莫札特故居是他在維也納住過的房子;國家歌劇院是莫札特歌劇《唐·喬凡尼》(Don Giovanni)首演的地方⋯⋯只要追循此音樂家的足跡,即可深度體驗本地的音樂與人文。

咖啡文化

維也納不僅以音樂馳名於世,同時亦是歐洲咖啡的發源地,這裡有很多百年經典咖啡館,曾經

音樂家

　　在奧地利旅遊，除了沉醉於莫札特的古典樂曲，並且見證哈布斯堡王朝的歷史風華之外，其他還有許多舉世聞名的音樂家，例如：老約翰・史特勞斯、小約翰・史特勞斯、舒伯特、貝多芬、布拉姆斯、布魯克納等人，雖然不像莫札特那樣被當作國家招牌使用，但是他們的光芒仍照耀著維也納樂壇。

是音樂家或劇作家的最愛。除此以外，環繞著維也納周圍的天然美景，更令人聯想起《藍色多瑙河》、《維也納森林》……等膾炙人口的樂曲。

順遊薩爾斯堡

　　前往奧地利旅遊，適合以維也納作為起點，延伸至中部的薩爾斯堡。這座位於阿爾卑斯北麓的美麗城鎮，是莫札特的故鄉，參觀重點包括：莫札特出生地、莫札特故居、莫札特音樂學院等，其他還有各種音樂會或主題之旅，用「仙樂飄飄」來形容一點都不為過。

　　在薩爾斯堡，欣賞古典音樂之餘，還可踏上好萊塢音樂電影《真善美》的拍攝地，一邊瀏覽湖光山色，一邊回味電影裡的優美歌聲和旋律；此電影造成的旅遊風潮，並不輸給莫札特的魅力。

奧地利旅遊黃頁簿

氣候與適合旅遊季節

奧地利的春、夏、秋、冬或日夜溫差,有著明顯差異,而且隨著地理位置不同、會有不一樣的氣候型態,基本上,每年4～9月間、以及復活節、聖誕節到新年期間,都是旅遊旺季。

在奧地利旅遊,夏季適合避暑、冬季可以滑雪,夏季平均溫約15～25℃,最高溫約30℃左右;冬季平均溫約1～10℃間,最低溫降至攝氏零下4～20℃。

維也納與台北氣溫對照表(℃)

		1月	2月	3月	4月	5月	6月	7月	8月	9月	10月	11月	12月
維也納	最高溫	1.8	4.4	9.6	15.3	20	23.1	25.2	24.7	20.5	14.4	7.7	3.4
	最低溫	-3	-1.2	1.9	5.8	10.1	13.4	15	14.7	11.5	6.8	2.5	-1.1
台北	最高溫	18.9	19.3	21.9	25.9	28.8	31.9	34.1	33.5	31.2	27.8	23.9	20.7
	最低溫	13.3	13.6	15.3	18.7	21.9	24.3	25.8	25.6	24.3	22.0	18.6	15.1

時差

4～9月夏令時間比台灣時間慢6小時,例如:台灣12:00,奧地利06:00;10～3月冬季期間比台灣時間慢7小時,例如:台灣12:00,奧地利05:00。

金錢與匯兌

◆貨幣

奧地利使用歐元(EURO),紙鈔分成5、10、20、50、100、200、500歐元,硬幣有1分、2分、5分、10分、 20分、50分、1歐元、2歐元。

◆匯率

目前1歐元約新台幣46.79元(2008元2月)。

◆信用卡

在奧地利購物,多半可以信用卡付費包括購買火車票、自動售票機、參加旅遊行程、租腳踏車在內,其中以Master Card、Visa Card使用比較普遍。

◆ATM

奧地利機場、火車站和各地銀行，都設有24小時自動提款機。

◆匯兌處

出國前，可至台灣銀行、中國商業銀行，使用新台幣兌換歐元現鈔或購買旅行支票。抵達奧地利之後，不能用新台幣直接兌換歐元、可使用美金兌換。

◆銀行營業時間

週一～三、週五08:00～12:30、13:30～15:00；週四08:00～12:30、13:30～17:30；週六、日休息。

用電

220V或230V、50Hz，插座為圓形雙孔。

電話

◆從台灣打到奧地利

002+43+區域號碼(去掉0，例如：維也納1、薩爾斯堡662)+電話號碼。

◆從奧地利打回台灣

台灣室內電話：00+886+區域號碼(去掉0，例如：台北2)+電話號碼

台灣行動電話：00+886+手機號碼(去掉0)

◆從奧地利打電話至境內其他城市

撥區碼號碼(維也納01、薩爾斯堡0662)+電話號碼。

◆奧地利的公共電話

奧地利公共電話並不普遍，集中於火車站附近，基本上，以插卡式為主。

購買地點：公共電話卡可於Tabak商店買到。

◆於奧地利使用行動電話

持台灣手機，可於奧地利境內使用國際漫遊。

簽證

奧地利使用歐洲申根簽證，可前往比利時、荷蘭、盧森堡、法國、德國、西班牙、葡萄牙、奧地利、義大利、希臘、丹麥、瑞典、挪威、芬蘭、冰島、捷克、匈牙利、波蘭、斯洛伐克、拉脫維亞、愛沙尼亞、立陶宛、馬爾他、斯洛維尼亞等24個國家。

倘若計畫從奧地利搭火車或巴士前往匈牙利、捷克、斯洛伐克等東歐國家，然後再返回奧地利，2007年12月21日起，只要申辦多次進出的申根簽證，在簽證效期內皆可入、出境。

◆歐洲申根簽證

證件：效期6個月以上護照正本、機票或訂位紀錄影本、照片2張、填寫申請表格並親自簽名。

觀光簽證效期：30天或6個月內多次進出

簽證費：30天內多次進出NT2800元

工作天：2天

◆辦理簽證地點

奧地利觀光處

✉ 台北市敦化北路167號10樓

☎ (02)2712-8597

FAX (02)2514-9980

🕐 週一～五09:00～12:00

旅遊諮詢

台灣

◆奧地利商務代表辦事處

✉ 台北市松山區敦化北路205號608室

☎ (02)2715-5220，分機22(商務)、分機23(旅遊)

FAX (02) 2717-3242

@ taipei@austriantrade.org

🕐 週一～五09:00～17:00

維也納

◆維也納遊客資訊中心
Tourist Info Vienna

✉ Vienna 1, Albertinaplatz / Maysedergasse(靠近維也納國家劇院 Vienna State Opera)

http www.wien.info/

🕐 每天09:00～19:00

◆維也納機場遊客資訊中心
Tourist Info Vienna Airport

✉ 機場入境大廳

🕐 每天09:00～22:00

◆維也納飯店＆資訊中心
Wien Hotels & Info

✉ 1025 Vienna, Austria

☎ (01)24-555

FAX (01)24555-666

@ info@wien.info

🕐 每天09:00～19:00

薩爾斯堡

◆薩爾斯堡遊客資訊中心
Salzburg Tourist Information Offices

http www.salzburg.info/

◆莫札特廣場資訊中心
Information Mozartplatz

✉ Mozartplatz 5

☎ (0662)88987-330

奧地利旅遊黃頁簿

◆中央車站資訊中心
 Information Central Railway Station (Hauptbahnhof)

⊠ platform 2a
📞 (0662)88987-340

◆薩爾斯堡南站資訊中心
 Information Salzburg-Süd

⊠ P+R Parkplatz, Alpensiedlung-Süd, Alpenstrasse
📞 (0662)88987-360

台灣駐奧地利單位

◆駐奧地利代表處
 Taipei Economic and Cultural Office

⊠ Wagramer Str. 19/11. OG, A-1220 Vienna, Austria
 (靠近聯合國維也納分部)
📞 (01)2124-720
📠 (01)212472-086
🌐 www.taipei.at/
@ teco-vienna@aon.at
➡ 搭乘維也納地鐵U 1在Kaisermühlen/

Vienna International Center站下車，行經聯合國大樓後、步行約5分鐘

備註

1.若發生車禍、搶劫、有關生命安危緊急情況等重大事件，撥打緊急救難電話：+43-6643450455，奧地利境內直撥：06643450455，有關護照和簽證事宜，請勿撥打此電話。

2.旅外國人急難救助全球免付費專線800 -0885-0885

參考網站

◆奧地利資訊網站

🌐 www.austria.info/(有中文)
查詢奧地利國家和各地旅遊資訊，並可連結至住宿或其他旅遊相關資訊網站。

◆維也納政府網站

🌐 www.wien.gv.at/
查詢有關維也納的各種資訊，包括歷史、教育、文化活動、交通、節慶、旅遊、購票資訊等。

◆維也納觀光局網站

🌐 www.vienna.info/(有中文)
查詢有關維也納的觀光景點、購物、旅館、餐廳、夜生活、維也納卡等資訊，有中文網頁和中文導遊聯絡方式。

◆薩爾斯堡資訊網站

🌐 www.salzburg.info/(簡體中文)
查詢薩爾斯堡的觀光景點、活動、美食、購物、住宿、交通、薩爾斯堡卡等相關資訊。

行前篇
Mozart

到奧地利欣賞莫札特的5大理由

1.莫札特是真正的奧地利人

在奧地利著名的音樂家之中，莫札特是真正的本地人。這位天才音樂家誕生於薩爾斯堡，最後於維也納去世，雖然他曾多次前往歐洲旅行演奏，但是他一生中最重要的時光皆於奧地利度過。

莫札特在奧地利寫下許多膾炙人口的歌劇和樂曲，此地的生活人文與自然風光，都是他創作的靈感來源，所以充分欣賞莫札特，非得親自到奧地利走一趟不可。

2.莫札特是維也納古典樂派3大音樂家之一

莫札特、海頓和貝多芬，並列維也納古典樂派3大音樂家，雖然同樣享譽全球樂壇，但是莫札特在奧地利人心目中的地位，卻沒有任何一位音樂家足以取代。

莫札特的歌劇，現今仍每天在奧地利的歌劇院上演著，而莫札特的音樂更深入民間和家庭，展現其無遠弗屆的魅力。

3.莫札特作品豐富又平易近人

在奧地利，提到莫札特的代表作，幾乎每個人都能夠輕易地說出幾齣歌劇或樂曲名稱。

莫札特雖然生命短暫，卻留下數量極豐的作品，其中又不乏眾所周知的代表作，不像其他音樂家，唯有專業音樂人士或音樂學生才說得出曲名。

莫札特的創作靈感，部分來自他和友人飲酒作樂的過程中，儘管有些歌詞寓意鄙俗不雅，卻被認為偉大的音樂家亦有人性化的一面，反倒顯得平易近人。

4.莫札特的故鄉，每年都有全球最大的音樂節慶

奧地利每年都有數千場音樂會和歌劇表演，其中以「薩爾斯堡音樂節」最重要、也最盛大。

薩爾斯堡音樂節由3位音樂家發起於1920年，起初設立宗旨是專門演奏莫札特的音樂，之後因為聘請知名指揮家卡拉揚長期在此擔任指揮，吸引全球愛樂人士前往聆賞，使得此音樂節慶的聲名遠播。

薩爾斯堡音樂節於每年7月中旬至9月間舉行，節目內容除了莫札特歌劇和音樂會之外，還包括其他不同形式的舞蹈和戲劇表演，參與演出者都是當代最傑出的歌劇演員和音樂家等，被公認為全世界水準最高的音樂節。

在奧地利，薩爾斯堡音樂節之所以能夠佔有舉足輕重的地位，應該歸功於這裡是莫札特的故鄉吧！

5.一次買齊莫札特商品

前往奧地利旅遊，雖然每個人都有不同喜好與需求，但是幾乎沒有人不被莫札特的紀念品所吸引。

在奧地利，莫札特堪稱最佳商品代言人，不僅招徠無數樂迷前往欣賞歌劇和音樂會，也讓喜歡收藏莫札特的人滿載而歸。

你不可不知的莫札特

音樂神童

　　莫札特全名沃夫崗‧阿瑪迪斯‧莫札特(Wolfang Amadeus Mozart)，1756年1月27日誕生於奧地利中部的薩爾斯堡，由於年幼即展露音樂方面的才華，擁有「音樂神童」之稱。

　　莫札特出身於音樂家庭，他的父親利奧波德(Leopold Mozart)是一名宮廷小提琴手，在從小耳濡目染的環境之下，1761年，當時年僅5歲的莫札特創作第一首曲子，為鍵盤樂器的行板和快板樂章；隔年就和姐姐瑪麗亞‧安娜(Maria Anna，又名Nannerl)前往維也納的熊布倫宮，在女皇瑪麗亞‧泰瑞莎御前彈奏鋼琴。

巡迴歐洲

　　1763年起，莫札特與姐姐在父親的陪同之下，開始巡迴歐洲旅行演奏，足跡遍及巴黎、法蘭克福、慕尼黑、奧格斯堡、緬因茲、英格蘭、荷蘭……等地，直到1766年返回故鄉薩爾斯堡。

　　1769年莫札特擔任薩爾斯堡宮廷樂手，同年10月與姐姐前往維也納，再度於女皇瑪麗亞‧泰瑞莎御前演奏。1781年，莫札特和薩爾斯堡大主教產生衝突，所以毅然離開故鄉，定居於維也納。

私奔結婚

　　1782年，莫札特創作了第一齣歌劇《後宮誘逃》(Die Entführung aus dem Serail)；不久之後，他和房東的次女，也就是女聲樂家康斯坦茨‧韋伯(Constanze Weber)私奔結婚，然而因為莫札特不善理財，他的妻子又喜歡亂花錢，使得這位天才音樂家必須不斷接受委託作曲，以增加收入。

英年早逝

　　1791年，莫札特受到神祕黑衣人委託創作《安魂曲》，這也是他生前最後一首未完成的曲子。雖然莫札特在世僅只短短的36年，卻創作出超過600首以上的作品，其中約有24齣歌劇、50多首交響曲、17首彌撒曲、27首鋼琴協奏曲……等，他的才華洋溢，迄今仍無人能及。

莫札特的經典創作

聆賞指南

莫札特畢生創作的樂曲和歌劇，不僅數量豐富，又有許多經典作品，很難全部聆賞完畢，因此僅能依個人喜好和時間加以選擇。

在奧地利欣賞莫札特，必看的歌劇包括有《費加洛婚禮》(Le nozze di Figaro)、《魔笛》(Die Zauberflöte)、《唐·喬凡尼》(Don Giovanni)，迄今仍是各大歌劇院必演的經典劇碼。

由於莫札特歌劇多以德語創作，對於不懂德語的外國遊客而言，必須先了解歌劇情節和音樂形式，加上英文歌詞翻譯，並透過演員的肢體表演，才能看懂簡中含意。

觀看莫札特歌劇，倘若覺得過於深奧，可選擇聆聽莫札特的音樂會，屬於基礎入門的是：第39號、第40號、第41號交響曲(Symphonies)；比較進階的有第21號鋼琴協奏曲(Piano Concerto No.21)、豎笛5重奏(Clarinent Quintet)、小夜曲(Eine Kleine Nachtmusik)等。

早期好萊塢拍攝的傳記電影《阿瑪迪斯》(Amadeus)，裡面有部分的交響曲、鋼琴協奏曲(Piano Concerto)、長笛和豎琴之協奏曲、小提琴協奏曲、小夜曲《大組曲》(Gran Partita)、歌劇《後宮誘逃》、《費加洛婚禮》、《魔笛》、《唐·喬凡尼》、《安魂曲》(Requiem)……等經典樂曲，搭配電影畫面後，更加容易欣賞。

音樂作品

◆ G小調第40號交響曲

莫札特唯一用小調創作的交響曲，優美中帶著一股淡淡哀愁，最受歡迎。

◆ C大調第41號交響曲「朱彼得」

規模龐大而壯麗的交響樂，以希臘眾神之首「朱彼得」比喻此作品磅礴雄渾。

◆ 第21號鋼琴協奏曲

此作品不僅限於炫技式的鋼琴彈奏，亦和諧地傳達出主奏樂器和管弦樂間的巧妙搭配。

◆ 安魂曲

莫札特生前最後作品，未完成部分由他的學生法蘭茲‧蘇邁爾(Franz Sussmayr)、約瑟夫‧艾布勒(Joseph Eybler)接手。《安魂曲》是天主教教會為逝者舉行悼念彌撒時所用的樂曲。

歌劇作品

◆ 費加洛婚禮

莫札特生平第2齣歌劇《費加洛婚禮》，特色是演員錯綜複雜的對白、天籟般的歌聲，以及對昔日貴族腐敗特權之諷刺。此劇描述公爵阿馬維瓦(Almaviva)的理髮師兼僕人費加洛(Figaro)，正準備和伯爵夫人的侍女蘇珊娜(Susanna)結婚；在籌備婚禮過程中，因依照當時傳統，屬地中少女婚前「初夜權」要獻予領主，所以公爵看上蘇珊娜後，千方百計想破壞他們的婚禮，不過最後兩人排除萬難而完成婚禮。

◆ 唐‧喬凡尼

莫札特在維也納創作的第2齣義大利語歌劇，雖然屬於喧吵的愛情鬧劇，但是劇中有許多優美的音樂及詠嘆調，令人陶醉。

此劇描述西班牙劍客唐‧喬凡尼(Don Juan Tenorio，唐璜)，因為喜歡到處拈花惹草，做出諸多荒誕不經的行為，他將獵豔過的女性芳名記載成冊，當作輝煌戰績；最後下場是遭到報應，被魔鬼拉下地獄，具有濃厚的警世意味。

◆ 魔笛

莫札特生前最後的歌劇作品，屬於歌唱劇(Sing Spiel)形式；此類歌劇以德國北部為中心發展出來，之後於維也納造成流行。

《魔笛》是劇作家艾曼紐‧史康奈德(Emanuel Schikaneder)的作品，劇中演員以德語對白、連接德語歌唱的方式呈現，顯得通俗易懂。此歌劇具有童話般的情節，包括許多精彩的詠嘆調、二重唱、大合唱等，流露出豐富情感與生命力。

參加音樂會的穿著與必備物品

服裝

◆套裝或禮服

對於奧地利人而言，聆賞莫札特音樂會或歌劇不僅是生活品味，也是一種時尚，基本上，進入大型歌劇院或皇宮大廳，男性多半穿著西裝，女性穿著正式禮服或套裝。奧地利的歌劇院和音樂廳，雖然沒有服裝規定，但是因為大部分人都穿戴得極為整齊，所以基於禮貌，外國遊客也要稍加打扮一番，免得太過突兀。

◆奧地利傳統服裝

奧地利民族服飾以綠色為基調，男性頭上戴著帽子，女性則以白襯衫搭配背心洋裝，非常適合前往欣賞莫札特音樂會或歌劇。此外，穿著改良式的民俗風味服飾，也是不錯的選擇。

◆整齊乾淨的休閒服裝

在奧地利旅遊，因為外國遊客都穿得比較輕便，倘若沒有時間返回旅館換裝，基本上，只要穿著整齊乾淨的衣服即可。

◆披肩

進入歌劇院以後，多半將包包和外套寄放在櫃台，萬一遇到冷氣較強的空間，以披肩最為好用。

必備物品

◆地圖

莫札特音樂會在不同的歌劇院音樂廳或皇宮內舉行，最好攜帶一張詳細又好用的地圖，免得找不到正確的地點。

◆望遠鏡

如果不想花太多錢買前排較貴的座位，可以用比較合理的價格，購買後排或兩側的座位，同樣可以欣賞莫札特音樂會或歌劇。由於這些位置距離舞台較遠，必須透過小型的望遠鏡，才能清楚看到演員的臉部表情。

◆小提袋

進入歌劇院，依照規定、必須將隨身背包及厚外套寄放於置物櫃台，所以最好準備一個小提袋或手袋，以便置放護照、金錢、小數位相機等重要物品。

▌欣賞音樂會step by step

Step *1.*搜尋資訊

　　在奧地利，有許多管道可獲得音樂會相關資訊：在遊客中心或各大旅館，可索取有關音莫札特樂會和歌劇的各種資料；售票公司門口的看板，標示有音樂會或歌劇演出時間和簡介；在莫札特故居或各大歌劇院門口，也都掛有近期演出的時間表和內容。由於演出節目相當多，可以多加比較內容和價格，選擇適合自己需求的節目。

Step *2.*購買票券

購買入場券以後，先看清楚上面的日期、時間、座位號碼，是否標示正確清楚（購票方式參見p.30）。

日期和時間　　　　星期(Montag)　　　日期(4月6日)

音樂廳名稱　　　　票價　　　　票價€19

Step *3.*找到演出場地

　　莫札特音樂會和歌劇，通常都在不同的音樂廳或歌劇院舉行，所以前往欣賞時，最好提早半小時抵達正確地點。

Step **4.節目單**

花錢買一份節目單，以便瞭解音樂演奏曲目或
歌劇情節等。

Step **5.演出前**

進入歌劇院以後，倘若時
間充裕，還可走到裡面附設
的餐廳、喝杯飲料或用餐。
如不想花錢，純粹參觀內部
建築也很精彩。

Step **6.英文字幕**

莫札特音樂歌劇皆以德文演出，倘若
不懂德文，可於座位前方的液晶螢幕上
面，選擇英文介面，會顯示翻譯成英文
的歌詞。

5大購票管道

前往奧地利欣賞莫札特音樂會或歌劇演出,有好幾種購票方式,每當音樂季期間或旅遊旺季時,必須先訂好票券,以免錯失最佳觀賞機會。

購買音樂會或歌劇票券,可根據個人預算、喜好和時間決定;基本上,前排置中和視野良好的座位,票價並不便宜,後排或兩側座位票價便宜許多,但缺點是視野角度有所偏差。

1.上網購票

奧地利的網路發達,所以計畫前往奧地利欣賞莫札特音樂歌劇之前,即可上網查詢當季節目單和演出時間表,多半可利用上網訂票、並且以信用卡付費。

訂好票券之後,記得將預約單列印下來,等到達當地之後,再持往歌劇院或音樂廳的售票窗口領票。

維也納購票網站

http www.wien-ticket.at/

查詢或預訂維也納歌劇、音樂會、爵士樂、表演秀、網球比賽、摩托車越野賽等票券。

維也納票券網站

http www.viennaticketoffice.com/

查詢或預購維也納各種表演活動的門票,包括歌劇、木偶劇、音樂會、搖滾樂、爵士樂等;網站上亦提供旅館預訂服務。

維也納音樂歌劇網站

http www.viennaconcerts.com/opera/volksoper.php

維也納各大歌劇院介紹、音樂會和歌劇節目時間表,此外還有音樂加晚餐的套裝行程、維也納旅館資訊等,都可以在網站上預訂。

維也納古典樂網站 http www.viennaclassic.com

網站上有維也納各歌劇院節目單、劇照、演出時間表,可以利用網路訂票。

薩爾斯堡節慶網站 http www.salzburgfestival.at/

查詢薩爾斯堡音樂節的表演內容和名單、時間表、場地、以及購票方式、地點與相關資訊。

薩爾斯堡售票網站 http www.salzburgticket.com/

查詢薩爾斯堡音樂歌劇和各種表演時間表,可以利用網路訂票。

2.售票公司

在維也納或薩爾斯堡,都可找到專門出售音樂會和歌劇等票券的公司。在售票公司購票,優點是可以買到視野良好的座位,而且又能清楚知道節目內容和時間;缺點是必須收取手續費,所以票價稍微貴一點。

在售票窗口購票，優點是可以買到學生票、站票或其他便宜票，但缺點是遇到比較熱門的節目或旅遊旺季期間，經常一票難求。

4.售票員

在維也納街頭或歌劇院附近，隨時都可遇到穿著莫札特年代傳統服裝的售票員。

這些裝扮古典的售票員，專門向觀光客推銷音樂會歌劇票券，由於分屬不同的售票公司，所以兜售的節目內容略有差異，最好先詢問清楚。

向街頭售票員購買票券，優點是可用英文溝通，倘若持維也納卡亦可享有些許折扣；缺點是有的售票員認為遊客聽不懂德文，所以欣賞哪些劇碼都無差別，因此就會推銷一些比較冷門的節目。

5.遊客中心

在維也納和薩爾斯堡市中心和火車站內，都可找到遊客中心或資訊中心，既可索取各種旅遊資料，也可以買到莫札特音樂會歌劇的入場券。

在此購票，優點是令人產生信賴感，缺點是有時候遊客太多，必須排隊等待一段時間。

3.售票窗口

在維也納或薩爾斯堡的歌劇院，都可買到莫札特音樂會和歌劇票券，必須提早1、2個小時前往排隊購票。

購買學生票

預算有限的學生或自助旅行者，可以在開演前1小時前往歌劇院後面窗口購買學生票或站票；雖然沒有劃座位，但是只要提早進場，仍可找到視野極佳的站位。

把莫札特帶回家

在奧地利，可以買到各種與莫札特有關的商品，
包括吃的、穿的、用的；種類繁多，教人嘆為觀
止。其中最為常見為以下幾種：

◆ **人偶·時鐘**

莫札特造型人偶
和時鐘。

◆ **巧克力**

奧地利最具代表性
的伴手禮，以莫札
特畫像作包裝，
分成扁圓形和球
形兩種。

◆ **音樂CD**

莫札特鋼琴演奏曲或歌劇。

◆ **書籍**

內容敘述莫札
特生平故事和
音樂創作，有
日文版，但是
沒有中文版。

◆ **香水**

以莫札特命名和包
裝的香水、古龍水
等。

◆ **擺飾品**

水晶玻璃製品，裡面有莫札
特和他的出生地圖片。

◆ **陶杯**

以哈布斯堡徽章或莫
札特畫像裝飾的陶瓷
杯子，附有金屬杯蓋
和把手。

◆ **毛巾**

莫札特維也納故居出售
的毛巾，裝飾有莫札特

◆ **信簡‧便條紙**

莫札特維也納故居博物館
出售的紀念商品。

◆ **明信片‧卡片**

包括有莫札特畫像、莫
札特故居、薩爾斯堡、
奧地利美景等。

◆ **陶瓷**

以莫札特畫
像為圖案的
陶瓷杯子或
盤子等。

◆ **巧克力酒**

香濃味甜的
巧克力酒，
瓶裝造型圓
渾分成大中小。

◆ **撲克牌‧拼圖**

上面印製莫札特畫像、
音符和樂譜等。

◆ **音樂盒**

以小提琴為造型的音樂
盒，播放莫札特鋼琴演
奏曲。

◆ **名牌精品**

奧地利名牌設計的
絲巾和項鍊墜子，
以莫札特畫像和鋼
琴演奏曲為主題，
以不同材質製成。

◆ **樂譜**

莫札特維也納
故居販售的復
古樂譜和書

主題篇

Vienna & Salzburg

音樂之都
維也納 *Vienna*

來到奧地利的「音樂之都」維也納，當然不能不去欣賞莫札特音樂
會和歌劇，在這裡可以一邊聆聽優雅的古典樂曲，一邊瀏覽氣派堂
皇的美麗建築物。

中世紀時，維也納是歐洲古典音樂的搖籃，當時於此成名並且享譽
全世界的音樂家，包括有莫札特、舒伯特、貝多芬、約翰·史特勞
斯父子、布拉姆斯、布魯克納等人，其中最受奧地利民眾愛戴和懷
念的音樂家，應屬莫札特。

在維也納，不僅可以參觀莫札特故居，也可以從哈布斯堡王朝遺留
下來的珍貴文物，瞭解當時王室貴族對於音樂和歌劇的重視，使得
維也納古典樂派佔有獨領風騷的地位。

在維也納，追尋莫札特的足跡，可以從參觀莫札特故居博物館開
始，然後前往歌劇院或音樂廳，聆賞莫札特音樂歌劇；此外，因為
欣賞莫札特的地點集中於市區，不僅交通便利，還可順遊周遭的觀
光景點。

莫札特的音樂歌劇，最主要的表演場地包括：維也納國家歌劇院、
城堡劇院、愛樂協會、人民劇院等，其他還有霍夫堡皇宮、熊布倫
宮等亦經常舉辦莫札特音樂會；比較特殊的是，有的宮殿大廳平時
並不開放，唯有音樂季期間才可進入參觀，千萬不可錯過。

往格林欽

Wahringer- straße
Turken- straße
Kolin gasse
Maria-Theresien straße
Schotten-gasse
Wipplingerstr.
Borse gasse
Josefs kai
Holland straße
Tabor straße
Prater straße
Obere Donaustrabe untere Donaustraße

P65 感恩教堂
Votivkirche

Universitatsstraße

維也納大學

Reichsrats straße
Liechtenstein straße
Tiefer Graben Heinrichsgasse
Tuch-lauben Marc-Aurel straße
Marc-Aurel- Straße
Franz Josefs Kai   P70
Dominikanerbastei
往百水公寓、維也納藝術館
P71

新市政廳
Neues
Rathaus
P52

Herren-gasse
Naglergasse
中央咖啡館
P75

城堡劇院
Burgtheater
P44

Dr. Karl-Lueger Ring
環城大道

Schaufler
格林斯坦咖啡館
P75

Kahlmarkt
Graben singer-str.
Tuch- lauben
三位一體紀念柱
P64

Rotenturm straße
Woll- zeile
P53
聖史蒂芬大教堂

Stubenbastei
Landstraßer Haupstr.

P60
國會大廈
Parlamene

P58
人民花園

Graben Hotel Vienna
P112

霍夫堡咖啡館 P74

augustiners
霍夫堡
Hofburg
P48

亞爾伯提那博物館

莫札特咖啡館 P73
P113

Pension Neuer Markt

P109
Hilton Vienna
Stadtpark

Burggasse

P61
自然史博物館

Meseplatz

P64
瑪麗亞·泰瑞莎雕像

Hotel Sacher Wien
P108

P73 薩荷咖啡館

Karntner Straße

P112
Best Western Premier Hotel

Park-ring

市立公園 P59

維也納博物館區

P62
藝術史博物館

莫札特紀念碑·城堡花園
P52

seiler statte
Hotel zur Wiener Staatsoper
P111

Johannes gasse

P61
維也納庫爾沙龍音樂廳

Getreidemarkt
蘭德曼咖啡館 P74
維也納歌劇院咖啡館 P73
P116 Bristol Hotel Vienna

國家歌劇院
P42

Pension Suzanne
Grand Hotel Vienna
P113

Schubertring

約翰咖啡館·餐廳
P74

Mercure Europaplatz
Hotel Vienna P116
Kummer Hotel Vienna P111
Hotel ibis Wien Mariahilf P112

Kafrtner Ring

Imperial Hotel Vienna
P108

卡爾斯廣場地鐵站 Karlsplatz Pavilions
P66

分離派會堂 P69

Lothringer straße

Am Heuplatz

青春派大樓 P71

P46
愛樂協會

Saleslaner-gasse

P75
中央市場
宮殿咖啡館

Linke Wienzeile Friedichstr.
Rechte Wienzeile
Opern-gasse
Wiedner Hauptstr.

卡爾斯教堂
Karlskirche
P66

Zauner gasse

往麗泉宮

往貝維德宮

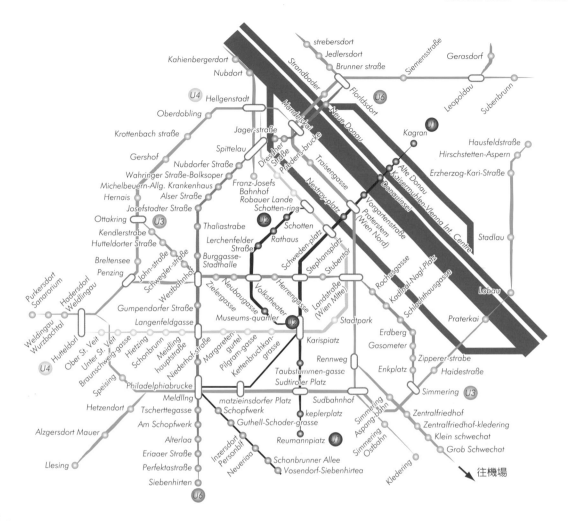

維也納交通指南

◆從台灣到維也納
可以搭乘中華航空或長榮航空抵達。

◆從維也納機場至市區
1. 搭機場巴士到南火車站 (Sdbahnhof)、西火車站 (Westbahnhof) 等，車程約25～35分鐘。
2. 從機場搭乘S-Bahn (Suburban Rail)火車抵達維也納中央火車站 (Wien-Mitte)，每隔30分一班，車程約24分鐘。
3. 從機場搭CAT火車 (City Airport Train) 到維也納中央火車站 (Wien-Mitte) 的City Air Terminal，車程大約16分鐘，倘若前往聖史蒂芬大教堂一帶，還要轉搭地下鐵。
4. 在機場門口搭乘計程車，約25～35分鐘；攜帶行李必須加價。

造訪莫札特
Mozart

 歌劇《費加洛婚禮》的創作地

莫札特維也納故居 *Mozarthaus Vienna*

又稱為「費加洛之屋Figarohaus」(Figaro House)，位於史蒂芬大教堂後方的一條僻靜巷弄內。

莫札特維也納故居現今已被闢為博物館，此建築物外觀並未比維也納其他房子特別，然而因為莫札特曾於1784～1787年間，在這裡住過3年，並且寫下著名的歌劇《費加洛婚禮》(Le Nozze di Figaro)，使得此處變成愛樂人士必至的朝聖地。

此博物館樣式，代表莫札特時期的維也納建築風格。

館內展示有少年莫札特畫像與生平創作事蹟。

從博物館1樓走進去，首先映入眼簾的是巨大的少年莫札特畫像，由於具有「音樂神童」之稱的莫札特，幼年時期即嶄露他的音樂才華，所以此畫像經常出現於書籍傳記或明信片之中。

目前莫札特故居改建為4層建築物，裡面展示有關莫札特生平事蹟和作品介紹；由於莫札特最重要的音樂和歌劇多完成於維也納，所以3樓陳列此時期的建築風貌，2樓以莫札特的歌劇創作為主，2樓房間部分保留當年莫札特居住時的樣貌，1樓和底層主要為展覽室，其他還有咖啡館和紀念品店。

在莫札特故居，除了參觀此天才音樂家的創作生活之外，還可買到莫札特的樂譜、書籍、卡片、毛巾……等紀念品。而館外對面的一家紀念品店，更販售琳瑯滿目的莫札特商品、歌劇面具等。

✉ Domgasse 5
☎ (01)5121-791
🌐 www.mozarthausvienna.at/
🕐 10:00～19:00
💲 大人€9、優待票€7、團體票€6、學生€3；連同語音導覽機(德語、英語、法語、義大利語、西班牙語、日語)€12；連同Haus der Musik門票€15
➡ 搭乘地下鐵U1、U2、U4，地上電車1、2、D、J、62、65，巴士59A在Karlsplatz / Oper下車

歌劇《唐·喬凡尼》的首演處

國家歌劇院 *Staatsoper(State Opera House)*

國家歌劇院是環城大道的宏偉建築代表作。

✉ Opernring 2
📞 (01)514442-250
🔗 www.wiener-staatsoper.at
🕐 排練時間除外
💲 參觀內部€4.5
➡ 搭乘地下鐵U1、U2、U4，地上電車
　 1、2、D、J、62、65，巴士59A在
　 Karlsplatz / Oper下車

在此欣賞莫札特歌劇，無論視覺或聽覺皆屬一大享受。

　　莫札特歌劇《唐‧喬凡尼》(Don Giovanni)於1869年5月25日在此首演。

　　國家歌劇院是維也納三大歌劇院之一，到目前為止，此歌劇院所演出的節目已涵蓋全部古典劇碼，而曾經登上這裡舞台的歌劇演員或音樂家，皆屬樂壇頂尖人物，獲得極高的榮譽和肯定。

　　維也納國家歌劇院位於市中心環城大道旁，其建築物本身相當典雅，成為遊客必至的觀光景點。歌劇院屬於文藝復興風格，由建築師西卡斯堡(Sicardsburg)、梵努爾(Van der Null)共同設計，1869年建成之後，並沒有受到維也納人青睞。

　　維也納國家歌劇院每年上演數百場歌劇，而且幾乎都是高朋滿座，其中外國觀光客約佔7成左右，由此可知，這裡不僅是全球樂迷的朝聖地，也是最具魅力的藝文活動中心。

　　二次世界大戰期間，維也納國家歌劇院曾經遭到轟炸重創，後來花費10年時間整建修復，於1955年11月5日重新開幕，當時上演的作品是貝多芬的《費德里奧》(Fidelio)。

　　現在來到維也納，即使沒有歌劇演出，平時亦可參觀內部的華麗大廳和舞台。這裡雖以德語歌劇演出，但是座位前方的液晶屏可顯示英文字幕，而且即使聽不懂德語，也能從演員豐富的肢體動作瞭解劇情含意，再加上優美的音樂與歌唱，就值回票價了。

仿希臘七弦琴設計的獨特外型

城堡劇院 *Burgtheater*

外觀為義大利文藝復興風格的圓形劇院,以演出德語歌劇為主。城堡劇院位於環城大道旁邊,對面就是市政廳,此歌劇造型特殊,仿希臘的七弦琴形狀而設計,原本建於1741年、女皇瑪麗亞·泰瑞莎執政期間,於1888年改建,又從原址聖米歇爾廣場搬到此處。

城堡劇院正面裝飾有太陽神阿波羅(Apollo)雕像,兩側還有希臘神話中的「悲劇繆思」梅爾波墨涅(Melpomene)、「喜劇繆思」塔利亞(Thalia)等女神雕像,周圍還有許多精緻的雕塑。

✉ Dr-Karl-Lueger-Ring 2
☎ (01)514444-140
http www.burgtheater.at/
🕐 9～6月每天15:00導覽，假日11:00；
7、8月每天2次導覽14:00、15:00
$ 參觀內部 €4.5
➡ 搭乘地下鐵U3在Herrengasse下車；搭
乘地上電車1、2、D、J號在Burgtheater
下車

　　城堡劇院門口掛有多幅黑白劇照；走進內部，可以看到兩翼都有華麗的階梯通往表演大廳，裡面包括有1175個座位和81個站位，在此觀賞歌劇還可於中場休息時間，走到掛有一系列著名男女演員的畫像處瀏覽一番。

　　在城堡劇院觀賞歌劇，除了預先購買票券之外，還可於開演前1小時到售票口排隊，運氣好的話可買到半價優待票。

大廳樓梯處懸掛有舉世聞名的歌劇演員照片。

維也納新年音樂會在此上演

愛樂協會 *Musikverein*

愛樂協會是維也納愛樂管絃樂團駐演處。

　　經常舉行莫札特和約翰‧史特勞斯音樂會的地點，鄰近卡爾斯大教堂和地鐵站。

　　維也納愛樂協會的建築物本身非常典雅，內部的演奏大廳更裝飾得金碧堂皇，坐在裡面聆賞優美的音樂和歌唱，具有視覺和聽覺之雙重享受。

　　走進愛樂協會大樓，首先立刻被美麗的入口大廳所吸引，此處建有多拱形的圓頂，支撐著希臘式大理石柱，周遭布滿精緻的彩繪，令人忍不住駐足觀賞。

入口大廳裝飾得金碧典雅。

　　在愛樂協會，除了平時即可聆賞音樂會之外，每年歲末和元旦兩天舉行的「維也納新年音樂會」，由著名的維也納愛樂管弦樂團擔綱演奏，場地就是這裡的金色大廳(Goldener Saal)，倘若計畫前往欣賞，必須提早1、2個月訂票，以免錯失良機。

- ✉ Bösendorferstr. 12
- ☎ (01)5058-190
- FAX (01)505819-094
- http www.musikverein.at/startseite.asp
- 🕐 週一～五09:00～20:00，週六09:00～13:00，售票處週日與假日休息。開演時間各廳不同，Großer Saal為19:30，Brahms-Saal為19:30，Gläserner Saal 為20:00
- ➡ 搭乘地下鐵U1、U2、U4在Karlsplatz下車；搭乘地上電車1、D、J在Kärntner Ring下車、71號在Schwarzenbergplatz下車；搭乘巴士59A或3A在Kärntner Ring下車、4A在Karlsplatz下車

外觀典雅的音樂會所

維也納庫爾沙龍音樂廳 *Kursalon Wien*

維也納－造訪莫札特

此音樂廳位於市立公園內，經常舉行莫札特和約翰·史特勞斯音樂會；步行不遠，即可看到小約翰史特勞斯拉著小提琴的金色雕像。

維也納庫爾沙龍外觀非常典雅，尤其是夜晚時分、透過燈光照映之後，更散發出柔和氣氛。此建築物內部有4間演奏廳，從天花板到地面皆裝飾得美輪美奐，置身其間聆聽音樂，不僅得以欣賞廳室之美，更能陶醉於悠揚的旋律之中。

另外，每年10月底左右，在維也納庫爾沙龍舉行有戶外音樂會。

來到此處欣賞音樂會，最好提前進場，可以先瀏覽內部的廳室擺設和裝飾，包括女性洗手間都頗為典雅，女性遊客千萬別錯過。

- ✉ Johannesgasse 33, 1010 Vienna
- ☎ (01)5132-477
- FAX (01)512579-040
- http www.kursalonwien.at
- ⏰ 每晚20:15莫札特與約翰·史特勞斯音樂會
- ➡ 搭乘地鐵U4在Stadtpark下車，地鐵U3在Stubentor下車；搭地上電車1號或2號在Weihburggasse下車；地上電車71或D在Schwarzenbergplatz下車

此音樂廳外觀飾有希臘神話雕像，充滿藝術氣息。

親炙奧地利皇室文化精華
霍夫堡 *Hofburg(Imperial Palace)*

舊王宮曾經作為哈布斯堡王室的居所。

英雄廣場上有歐根親王的騎馬雕像。

　　霍夫堡不僅匯集奧地利皇室文化精華，同時也是欣賞莫札特音樂會之最佳場所。

　　霍夫堡位於環城大道(Ringstrasse)上，堡內約有18棟建築物，包括宮殿、教堂、廣場、劇院等，

裡面廳室超過2千間，此外還有好幾個中庭和花園；雖然僅有部分開放參觀，但已足以見證昔日哈布斯堡王朝的歷史風華。

　　在霍夫堡，鄰近環城大道的是英雄廣場(Helden-Platz)、新王宮(Neue Burg)、海頓廣場(Heldenplatz)等；其中英雄廣場中央豎立的是歐根親王的騎馬雕像，而海頓廣場則是豎立著奧皇約瑟夫一世的父親卡爾公爵騎馬雕像。

　　新王宮包括有艾菲索斯博物館(Ephesos)、人類學博物館(Museum Fur Volkerkunde)兩座博物館，這座壯麗的半圓形建築，擁有新文藝復興樣式的外觀，由奧皇法蘭茲‧約瑟夫一世重建於1881年，裝飾著許多徽記和雕塑。

　　宮廷樂室(Hofmusikkapelle)，每逢週日或宗教節日有著名維也納兒童合唱團在此獻唱。

　　舊王宮(Alte Burg)隔著禮儀大廳(Festsaaltrakt)連接新王宮，旁邊還有城堡小教堂(Burgkapelle)、史威斯宮(Schweizerhof)等。此

維也納—造訪莫札特

堡內的門扉或牆面，都裝飾有巴洛克雕塑。

奧皇法蘭茲‧約瑟夫一世廣場。

參觀王宮博物館從這裡進去。

此圖拱形通道，具有迴音繚繞的音響效果。

宮殿為奧皇魯道夫一世建造的王室居所。

　　瑞士人大門(Schweizertor)是舊王宮和史威斯宮的入口，此門扉為1522年興建，外觀以紅色搭配灰藍橫條紋，上面裝飾有金鷹徽記。由於昔日哈布斯堡和歐洲其他皇室一樣，由瑞士衛隊守護城門，因此得名。

　　首相宮(Reichskanzlertrakt)是一棟黃色的巴洛克建築，這裡曾屬於哈布斯堡女皇瑪麗亞‧泰瑞莎的首相居住之處，最早於1723年興建，1857～1916年間成為奧皇法蘭茲‧約瑟夫一世的寢宮；目前可以參觀法蘭茲‧約瑟夫起居室、亞歷山大起居室等。

　　亞梅麗宮(Amalieburg)是1854～1898年伊麗莎白皇后西西(Sisi)的寢宮，在奧地利到處都可看到這位皇后的畫像，從她的起居室設備和裝飾可以看出她美容保養的祕方與生活品味。

　　聖米歇爾廣場(Michaelerplatz)位於霍夫堡另一側，面對著名牌精品店林立的菜市場街，從這裡走進去，可以行經一處拱形屋頂的通道，倘若有人站在這裡彈奏樂器或吟唱歌劇，聲音足以迴繞整個空間。

- ✉ Hofburg-Michaelerkuppel
- ☎ (01)5337-570
- 🖷 (01)533757-033
- http www.hofburg-wien.at
- 🕐 10～7月09:00～17:00(售票至16:30)；8～9月09:00～17:30(售票至17:00)
- 💲 €9.9(含語音導覽)，€12.4(含解說導覽)，Sisi Ticket€22.5(包括熊布倫宮Grand Tour及語音導覽、Imperial Apartments、Sisi Museum、Imperial Silver Collection、Imperial Furniture Collection)；19～25歲學生、優待票及持維也納卡€8.9(含語音導覽)，€11.4(含解說導覽)，Sisi Ticket€20
- ➡ 搭乘地下鐵U3在Herrengasse下車；搭乘地上電車1、2、D、J在Burgring下車；搭乘巴士2A、3A在Hofburg下車

奧皇法蘭茲一世廣場四周有西西博物館、銀器館、皇帝起居室和霍夫堡咖啡館等。

海頓廣場的卡爾公爵騎馬雕像和後面的利奧波德大樓。

聖米歇爾廣場

入口

奧皇法蘭茲一世廣場

草地

舊王宮和史威斯宮

草地

大門

從環城大道旁的入口進入霍夫堡。

新王宮

人種學博物館展示有非洲和世界各地有關人種學的文物資料等。

艾菲索斯博物館位於新王宮之內。

聖米歇爾廣場入口的圓頂，裝飾著哈布斯堡王朝標誌。

圓頂下方音響效果極佳，聆賞堡內的音樂會也是由此進出。

聖米歇爾廣場是霍夫堡後側入口，面對著匯集世界名牌的購物街。

瑞士人大門裝飾有哈布斯堡的標誌，以前這裡是由瑞士衛隊守護城門。

新王宮屬於新文藝復興風格，裡面有艾菲索斯博物館和人類學博物館等。

參觀舊王宮和史威斯宮要從瑞士人大門走進去。

佇立綠意間的莫札特雕像

莫札特紀念碑 *Mozart Denkmal*
城堡花園 *Burggarten*

莫札特雕像前面的花圃，以花卉拼成音譜記號。

鄰近環城大道的霍夫堡入口和國家歌劇院，是維也納市民的休閒花園之一。

漫步於城堡花園，可以來到右側的花圃欣賞莫札特雕像，此外還有詩人歌德、奧皇法蘭茲‧約瑟夫一世雕像……等。

在城堡花園，可以看見白色的莫札特雕像，以及前面草坪用花朵拼綴的音譜符號；隨著四季變化不同的色彩和花朵。對於喜歡莫札特的樂迷而言，此處為必至的朝聖地。

- ✉ Dr-Karl-Lueger-Ring 2
- ➡ 搭乘地下鐵U3在Herrengasse下車；搭乘地上電車1、2、D號在Burgtheater下車

聆聽維也納音樂節的優美樂章

新市政廳 *Neues Rathaus(City Hall)*

市政廳廣場(Rathausplatz)經常舉辦莫札特和約翰史特勞斯音樂會，還有每年5月初的維也納音樂節(Vienna Music Festival)、7月或8月間的音樂電影節(Music Film Festival)、聖誕市集(Christkindlmarkt)、歲末音樂會皆於此舉行。

維也納市政廳面對城堡劇院，建築屬於新哥德式，設計者為德國建築師施密特(Schmidt)，建於1872～1883年間奧皇法蘭茲‧約瑟夫一世時期；特徵是中央有高約99公尺的尖塔、搭配4座小尖塔，最頂端裝飾著捍衛城市的盔甲武士(Rathausmann)，由葛斯特爾(Gastell)擔任設計，而奈爾(Nehr)負責雕像的鍛鐵打造。

市政廳裡面的中庭或廳室，也是舉辦莫札特音樂會的場地，而戶外音樂會或歌劇影片欣賞，則提供有許多座椅，倘若不想站著，最好提早前往佔位。此外，位於旁邊的地窖餐廳(Wiener Rathauskeller)可以邊用餐、邊聽古典樂或民俗音樂，深受維也納市民與遊客喜愛。

新市政廳前面廣場，經常舉辦戶外音樂會和歌劇影片欣賞。

- ✉ Friedrich Schmidt Platz 1
- ☎ 導覽行程預約電話(01)4038-989
- http www.wien.gv.at/stadtplan/
- ◷ 週一、三、五13:00導覽行程，要先預約，辦活動時除外。聖誕市集11/17～12/24每日09:00～21:00(12/24提前於17:00結束)
- ➡ 搭乘地鐵U2在Neues Rathaus站下車；或搭電車D、J、1、2號在Neues Rathaus或Burgtheater下車

莫札特生命的最後一章

聖史蒂芬大教堂
Stephansdom(St. Stephen's Cathedral)

此教堂是莫札特舉行婚禮及最後安置地點。

✉ Stephansplatz 3/4.Stock/TÜr7
☎ (01)515523-526
FAX (01)515523-164
http www.stephansdom.at
🕐 北塔4～10月09:00～17:00，11～3月08:30～17:00；
　　南塔09:00～17:30
💲 導覽行程 €4、地下墓室 €4、北塔 €4、南塔 €3
➡ 搭乘地下鐵U1、U3在Stephansplatz下車

莫札特和他的妻子在此教堂舉行婚禮，莫札特死後遺體被暫時放在這裡，後來於運往墓園途中遭遇暴風雪，導致送葬者半途折返，卻留下莫札特被埋沒於不知名的墓地。

關於莫札特的死因和真正葬身之處，至今仍然成謎，但是可確定的是此音樂家的葬禮，並未像他的音樂名聲那般獲得尊榮，現在來到聖史蒂芬教堂參觀，不禁令人聯想起這段故事。

聖史蒂芬大教堂堪稱維也納市中心的地標，屬於哥德式風格，擁有長達800年以上的歷史，此教堂經過多次改建之後，才形成今日樣貌，其中最醒目的是一座高約137公尺的尖塔，正面入口兩側都有一座羅馬式尖塔，建於13世紀左右。

聖史蒂芬大教堂的屋頂，由無數塊彩色琉璃瓦鑲嵌成美麗的圖騰，包括哈布斯堡王朝的徽記，特徵為頭戴金冠的雙頭金鷹，胸前搭配著金色勳章，象徵昔日奧地利王室的輝煌歷史。

走進聖史蒂芬大教堂，首先看到的是兩排哥德式的石柱，支撐著肋拱形的穹頂，位於中央的主祭壇，裝飾著精緻繁複的雕刻，周遭還有許多雕像和聖像畫等，透過彩色玻璃窗投射進來的光線，將氣氛襯托得更加莊嚴。

在聖史蒂芬大教堂，登上343級的台階以後，可以站頂端遠眺維也納市區一隅；此外，位於教堂前方的廣場，每天都有街頭音樂家或藝人在此表演，運氣好的話、還可聽到莫札特音樂演奏。

幼年莫札特於御前初試啼聲

熊布倫宮(麗泉宮)
Schloß Schönbrunn (Schönbrunn Palace)

廣場上巴洛克雕像
與黃色的主體建築
相映襯。

莫札特的歌劇《劇院經理》(Monsieur Vogelsang)於1786年2月7日在此首演。

當時奧皇約瑟夫二世，為了迎接荷蘭總督阿巴特到訪，委託莫札特創作歌曲並且於熊布倫宮的大溫室表演。

實際上，莫札特幼年時即曾經和姐姐來到維也納的熊布倫宮，並且於女皇瑪麗亞·泰瑞莎御前彈奏鋼琴，至今這座宮殿仍然經常舉辦莫札特音樂會和歌劇。

熊布倫宮，又稱為「麗泉宮」或「美泉宮」，原因是這裡有一處美麗的泉水而馳名；此宮殿完成於1744～1750年間瑪麗亞·泰瑞莎女皇執政時期，由建築師埃爾拉什(Erlach's)於1696年著手興建，其規模氣派之程度足以媲美法國的凡爾賽宮。

熊布倫宮本來是一座狩獵行宮，後來變成哈布斯堡王室成員用來避暑的夏宮，範圍包括有宮殿

位於庭園底端的海神雕塑噴泉。

和廣大的庭園，其中宮殿外觀皆以金黃色搭配白色大理石柱，庭園由內花圃、迷宮、雕塑、海神噴泉、天使噴泉、方尖碑噴泉、古羅馬遺跡、溫室、鴿房、橘園、展望台、水池等共同組成，於1996年被聯合國教科文組織列入世界遺產。

維也納─造訪莫札特

在熊布倫宮，主要參觀昔日哈布斯堡王族的起居室、家具、畫像、收藏品、壁爐……等，可以感受到從前奧地利王室的璀璨風華。由於裡面房間超過1400個，目前僅有部分對外開放，其中最值得一看的是金碧輝煌的「大藝廊」（Great Gallery），長約40公尺、寬約10公尺，中央垂掛著豪華水晶燈，頂篷和嵌板周遭布滿義大利彩繪壁畫，曾經作為接見廳或宴會廳，現在成為音樂演奏或舞會場地。

參觀熊布倫宮，除了平日的開放時間以外，每當音樂會舉行期間，還可進入夜間特別開放的廳室，坐在裡面聆聽莫札特的音樂，彷彿置身於哈布斯堡的宮廷之中。

在熊布倫宮，每年8月間舉行的莫札特音樂會（Mozart im Schonbrunner Schlosspark），可欣賞到音樂歌劇演出；而每年12月24～26日於廣場舉辦的聖誕市集（Christmas Market），包括有琳瑯滿目的食物和藝品攤位，以及唱聖誕頌歌、遊戲、音樂會等活動。

✉ Sxhonbrunner Schlob straBe
☎ (01)81113-239
FAX (01)81113-333
http www.schoenbrunn.at
🕐 宮殿4～6月、9～10月08:30～17:00；7、8月08:30～19:00；11～3月08:30～16:30
💲 Imperial Tour(參觀22個房間，含語音導覽機)，大人€9.5、6～18歲€4.9、優待票(19～25歲學生&身障者)€8.5、持維也納卡€9.5。Grand Tour(含語音導覽機)，大人€12.9、6～18歲€6.9、優待票(19～25歲學生&身障者)€11.4、持維也納卡€11.4。Grand Tour(參觀14個房間，含導覽解說)，大人€14.4歐元、6～18歲€7.9、優待票(19～25歲學生&身障者)€12.9、持維也納卡€12.9。Schönbrunn Pass Classic，大人€16.9、6～18歲€8.5、優待票(19～25歲學生&身障者)€15、持維也納卡€15、家庭票(2名大人＋3名小孩)€34.9。Sisi Ticket，大人€22.5、6～18歲€11.5、優待票(19～25歲學生&身障者)€20、持維也納卡€20
➡ 在西火車站搭乘地上電車58號，在Schloss Schönbrunn下車；或在南火車站搭地上電車D號至Karlsplatz站下車，再轉搭地鐵U4在Schönbrunn或附近的Hietzing下車；此外亦可搭乘電車10號、巴士10A在Schönbrunn下車

熊布倫宮前面廣場豎立著可愛的指標。

宮殿通往花園處，有一道玫瑰花涼廊。

小藝廊的天花板，裝飾著華麗的彩繪壁畫。

巴洛克式雕像襯托著熊布倫宮主建築。

進入宮殿參觀,必須在此購買票券。

位於宮殿東翼前面的魯道夫花園。

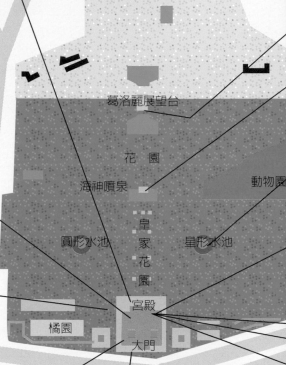

葛洛麗展望台

花　園

海神噴泉　　　　　　　　　　　動物園

皇
圓形水池　　家　　星形水池
花
園

宮殿

橘園

大門

宮殿廣場左側有咖啡館和餐廳等。

位於大門左側的遊客資訊中心。

熊布倫宮花園底端山丘上的展望台。

熊布倫宮花園內的海神噴泉雕塑和大花圃。

位於花園右側的星形水池與雕像。

藍色樓梯的天花板裝飾著巴洛克壁畫。

宮殿內的餐廳保留昔日的餐桌擺置和繪畫。

高布林織室牆上有18世紀的布魯塞爾掛毯。

紅色廳室裡面掛有多位哈布斯堡君王畫像。

順遊景點
Destination

維也納最古老的公共庭園

人民花園 *Volksgarten*

　位於國會大廈對面，屬於1820年建造的古老花園，目前來到這裡，可以看到裡面種滿各種顏色的玫瑰花，此外還有水池、雕像等。

　此為維也納最古老的公共庭園，庭園內有玫瑰園、水池、伊麗莎白皇后的塑像及Theseus教堂等建築物。

人民花園內有古教堂遺址。

從人民花園眺望霍夫堡宮殿建築。

✉ Dr. Karl-Renner-Ring 3
➡ 搭乘環城電車1、2號在國會大廈前面下車

徜徉都市裡的蒼翠綠意

市立公園 *Stadtpark*

市立公園內，有金色的小約翰・史特勞斯雕像。

此公園內有維也納庫爾沙龍音樂廳，前往聆賞莫札特音樂會時，可先到這裡一睹小約翰・史特勞斯雕像的風采。

維也納市立公園於1862年建造，園內不僅綠樹成蔭，一年四季皆栽植不同品種和色澤的花卉植物，每當春末夏初之際，更處處可見美麗的花朵襯托著蒼翠的草坪。

市立公園是維也納市民們平日最愛的休憩場所，而遊客來到此地，主要都是為了瞻仰交響曲之王小約翰・史特勞斯，拉著小提琴的金色雕像，其實此雕像本來並非金色，後來由仰慕這位音樂家的日本樂迷出資為他鍍金，才變成現的模樣。

漫步於市立公園，除了欣賞小約翰・史特勞斯的雕像，不妨仔細尋訪其他音樂家或名人的雕像，例如：作曲家法蘭茲・列(Franz Leharm)、音樂家舒伯特(Franz Schubert)、畫家賈柏辛德勒(Jakob Schindler)等。

✉ Stadtpark

➡ 搭乘地鐵U4在Stadtpark下車，地鐵U3在Stubentor下車；搭地上電車1號或2號在Weihburggasse下車；地上電車71或D在Schwarzenbergplatz下車

園內有奧地利名藝術家漢斯・馬卡特的雕像。

莊嚴浪漫兼具的希臘神殿型式建築

國會大廈 *Parlamene*

此棟建築物設計者是建築師奧費爾‧翰森
(Theophil Hansen)，白天呈現出莊嚴樣貌，
夜間打燈之後，充滿優柔浪漫氣氛。

國會大廈是一座希臘神殿式的白色建築物，
正面由柯林斯式石柱支撐著屋頂，最精彩的建
築是屋簷的三角楣裝飾著繁複的雕刻，以奧皇
法蘭茲‧約瑟夫一世頒布憲法給予17支民族為
主題。

除此之外，國會大廈前面還豎立有一尊高大
的雅典娜女神像，位於雕像下方的基座，裝飾
著包括多瑙河、因河、易北河、摩爾多瓦河等
4大河神在內的雕像群。

✉ Dr. Karl-Renner-Ring 3
☎ (01)401-100
FAX (01)401102-537
http www.parlament.gv.at/
🕐 9月中～7月中週一、三10:00、11:00，
週二、四14:00、15:00，週五11:00、
13:00、14:00、15:00；7月中～9月
中 9:00、10:00、11:00、13:00、
14:00、15:00都有導覽行程；舉行國會
議事期間不開放
💲 €4，優待票€2；家庭票大人€3、優
待票€2、6～18歲€1
➡ 搭乘環城電車I、2號在國會大廈前下車

一覽大自然奧妙
自然史博物館 _Natural History Museum_

外觀類似對面的藝術史博物館，皆屬文藝復興風格的建築物。

自然史博物館正式開放於1889年，裡面包括有6個展示區，主要展示奧地利的歷史文物，以及有關人類學、古生物學、礦物學、動植物學的化石或標本……等；其中包括全球最大的人類頭蓋骨、歷史悠久的巴西鳥標本等。

自然史博物館前面放置有大象雕塑，不時可見觀光遊客於此獵影留念。另外，附近還有穿著傳統歌劇服飾的推銷員，向遊客推銷莫札特音樂會的票券。

自然史博物館樣式宏偉氣派，又具有古典氣質。

📧 Maria-Theresien-Platz
🕐 09:00～18:30，週三09:00～21:00
💲 €8
➡ 搭乘地鐵U2在Museum sguartier站下車；或搭電車 D、J、1、2 號在Burgring下車，步行約5分鐘

不容錯過的藝術寶庫
藝術史博物館
Kunsthistorisches Museum (Museum of Fine Art)

此博物館外觀和內部同樣精彩，非常值得參觀一整天。

藝術史博物館的建築物本身相當典雅莊重，屬於文藝復興風格，裝飾著許多雕像。走進內部，首先立刻會被入口大廳的拱頂和馬賽克裝飾的地面所吸引；從這裡沿著一道華麗的階梯往上走，處處可見雕塑和精彩的壁畫。

藝術史博物館裡面，主要展出奧地利哈布斯堡王朝收藏的珍貴藝術品和繪畫，包括有拉斐爾、席勒、林布蘭、魯本斯、提香……等名家畫作，值得細細觀賞。

位於藝術史博物館一樓的展覽室，最值得一看

的是藝術家塞尼尼的《鹽盅》(Salt Cellar)，這件金色雕塑上面有海神尼普頓、地球女神塞拉西亞的雕像；還有一件《羅馬奧占斯都大帝》(Gemma Augustea)，是在黑色瑪瑙上雕刻出精緻的主題，令人為之讚嘆。

登上藝術史博物館的2樓，可以看到繪畫館、埃及中東館、古希臘羅馬館等廳室，展出古老的文字、壁畫、石棺和其他出土文物等。其中包括造型特殊的「青色海怪」，大約西元前2千年於埃及王國中部出土，現在館內附設的紀念品店販售有仿製品。

在藝術史博物館，最經典也最精彩的部分應

從人民花園眺望霍夫堡宮殿建築。

維也納—順遊景點

金碧堂皇的圓頂大廳，吸引遊客駐足觀賞。

在繪畫廳，可欣賞到名家繪製的聖像畫。

前面的大幅繪畫，是魯本斯的名作——《西蒙與艾菲琴妮亞》。

屬繪畫作品，包括有畫家林布蘭(Rembrandt)的《自畫像》、藝術大師拉斐爾(Raphael)的《草原上的聖母與子》、義大利肖像畫家委拉斯蓋茲(Velazguez)所繪製的《8歲瑪格麗特肖像》、17世紀畫家盧本斯(Rubens)的《四大陸塊和四大河流》、16世紀德國肖像畫家荷爾班(Holbein)的《珍西摩爾像》、法蘭德斯畫家布魯各(Bruegel)的《雪中獵人》等等，這些都是難得一見的收藏品。

藝術史博物館的3樓廳室，主要陳列哈布斯堡時期的古錢幣、文藝復興時期的繪畫等，從這裡中空的部分向下俯瞰，可以看到圓形的鍛鐵圍欄，襯托著底層和四周的幾何形地磚，充分展現出內部空間之美感。

參觀過藝術史博物館以後，倘若時間和預算都很充裕，不妨走到裡面附設的餐廳兼咖啡館，品嚐美味的料理或甜點。

✉ Maria-Theresien-Platz
📞 (01)52524-352
http www.khm.at
🕐 10:00～18:00、10:00～21:00，週一休館
$ 全票€10、優待票€7.5、持維也納卡€9、家庭票€20、租語音導覽機€3
➡ 搭乘地鐵U2在Museum sguartier站下車，或搭電車D、J、1、2號在Burgring下車，步行約5分鐘

瞻仰哈布斯堡王朝首位女皇

瑪麗亞‧泰瑞莎雕像
Statue of Maria-Theresia

　　這尊女皇座像下面，裝飾有16位名人雕像，其中包括音樂家莫札特、海頓等人在內。

　　瑪麗亞‧泰瑞莎女皇是哈布斯堡王朝首位女皇，她統治奧地利時，是宮廷文化、藝術和政治最鼎盛時期，這位女皇的雕像位於藝術史博物館和自然史博物館之間，成為遊客瞻仰的重要標誌。

　　瑪麗亞‧泰瑞莎女皇雕像，是德國藝術家宗布什(Zumbusch)的作品，予人一種母儀天下的感覺。

> ✉ Maria-Theresien-Platz
> ➡ 搭乘地鐵U2在Museum sguartier站下車，或搭電車D、J、1、2號在Burgring下車，步行約5分鐘

高踞於上的瑪麗亞‧泰瑞莎女皇像。

遇見街頭音樂家

三位一體紀念柱 *Pestaule*

　　此紀念柱雖與莫札特無直接關聯，但是經常可見街頭音樂家在此演奏莫札特的鋼琴協奏曲或小提琴曲。

　　三位一體紀念柱約17世紀所建，由精緻的巴洛克聖像構成；當時因為遭受鼠疫之害，後來被消除之後，為了感謝上帝庇佑，所以豎立此碑。目前這條街道周圍都是名牌商店、紀念品店、餐廳和咖啡館等，成為遊客必至的地點。

> ✉ Garben
> ➡ 搭乘地下鐵U1、 U3在Stephansplatz下車，步行約2分鐘

此紀念柱豎立於遊客如織的購物街中央。

哥德風尖塔建築
感恩教堂
Votivkirche

這是一間還願教堂，因為1853年奧皇法蘭茲‧約瑟夫一世遇到刺客謀殺時，正巧有一位屠夫路過此地，拯救他的性命，後來奧皇的弟弟費迪南親王籌資建造此教堂，以感念上帝的庇佑。

感恩教堂建造於1879年，設計者為建築師費爾斯特(Heinrich von Ferstel)，屬於哥德式風格，因為兩側各有一座尖塔，所以亦稱「雙塔教堂」。

感恩教堂前面的草坪，經常可見維也納市民在此曬太陽或者野餐，有時亦可欣賞戶外音樂會或藝術表演。

此教堂距離維也納大學比較近，可順便沿著環城大道散步，感受本區濃厚的學術氣息。

✉ Rooseveltplatz 8
🕐 09:00～16:00
➡ 搭乘環城電車1、2號在感恩教堂前面下車

感恩教堂屬於許願教堂，設計成哥德式風格。

兼容巴洛克與青春派風格

卡爾斯廣場地鐵站
Karlsplatz Pavilions (karlsplatz)

走出地鐵站，可以清楚看到此建築物的風采。

卡爾斯地鐵站於1898年興建，由維也納建築大師——奧圖·華格納(Otto Wagnern)設計，主要材質為金屬和玻璃，正面屋簷為圓拱造型，其屋簷裝置有金屬花紋的遮棚與飾板，融合巴洛克與青春派風格，顯得又華麗又細膩。

在卡爾斯廣場地鐵站內部，有一家咖啡館和小型的華格納博物館，可以看到此建築大師的生平紀事及創作。

> ➡ 搭乘地鐵U1、U2、U4在Karlsplatz站下車

此地鐵站是建築大師華格納的傑作。

欣賞巴洛克建築的精緻宏偉

卡爾斯教堂 *Karlskirche*

卡爾斯教堂樣式宏偉壯麗，透過水池欣賞是最美麗的角度。

此教堂距離愛樂協會不遠，前往聆賞莫札特音樂會和歌劇時，可以先到這裡參觀。

卡爾斯教堂是一座樣式宏偉的巴洛克式建築，1713年，奧皇卡爾6世因為鼠疫已經消除，所以興建教堂作為感謝聖查理斯波洛美(St. Charles borromeo)的保佑。

站在正面，可以透過水池倒影看見教堂巨大的圓頂，兩側各屹立著大理石雕柱；而屋頂中央的三角楣，裝飾有聖查理斯波洛美的雕像，此外還有6根希臘神殿式柱子支撐構成。

平時來到卡爾斯教堂，主要是參觀建築物本身和內部裝飾，包括主祭壇的聖像、以及穹頂繪製的精彩壁畫等；除此之外，每年舉行的聖誕市集，都有藝術家設置的攤位，值得前往瀏覽。

> 🕐 週一～五07:30～19:00，週六08:00～19:00，
> 週日09:00～19:00
> ➡ 搭乘地鐵U1、U2、U4在Karlsplatz站下車，步行約5分鐘

造訪舊王朝的美麗宮殿
貝爾維德宮 *SchloB Belvedere*

貝爾維德宮現
已闢為巴洛克
美術館。

　　分成上宮和下宮，中間由一座美麗的法式庭園連接，包括有花圃、噴泉、雕塑和幾何形草坪等。

　　貝爾維德宮本來是1714年、由歐根親王(Prince Eugene of Savoy)下令建造的夏宮，上宮設計者為建築師希德布蘭特(Hildebrandt)，現在屬於19世紀與20世紀美術館，裡面最值得參觀的是畫家克林姆最有名的作品《吻》，此畫採用金色為主調，呈現出華麗和滄桑的畫風；其他還有梵谷、席勒、蓋爾斯特(Gerstl)等名家的傑作。

　　貝爾維德宮的下宮，目前闢為巴洛克美術館，包括有玻璃廳(Hall of Mirrors)、大理石廳(The Marble Hall)、怪誕廳(Hall of Grotesques) 等，除了展示中世紀和巴洛克風格作品，還可看到精彩的壁畫與裝飾藝術。

從下宮的雕塑眺望上宮，中間隔著廣闊的法式庭園。

✉ Prinz-Eugen-StraBe 27
☎ (01)79557-134
🌐 www.belvedere.at
🕐 10～3月09:00～17:00，4～9月10:00～18:00，週一休息。上貝爾維德宮10:00～18:00
💲 下宮€7.5，綜合票€12.5，上宮€9
➡ 在南火車站搭乘電車D線，在SchloB Belvedere站下車，步行約15分鐘；或於Rennweg車站搭乘電車71號，在Unt. Belvedere站下車，步行約15分鐘

各類型博物館齊聚

維也納博物館區
Museums Quartier(Museums Quarter)

維也納博物館區,由多座博物館共同組成。

維也納市區有很多博物館,但是只有這裡,可以同時看到多座不同類型的博物館;遊客於此可依照個人喜好和時間,選擇性地參觀博物館或藝術廳。

維也納博物館區,占地廣達6萬平方公尺左右,其中包括利奧波德美術館(Leopold Museum)、建築中心、維也納藝術廳、現代藝術美術館、兒童博物館等;有的已經開放,有的正在陸續興建中。

位於維也納博物館區入口的商店,除了可以購買門票之外,還可採買複製藝術品和各種紀念品等。

此建築物中包括有維也納藝術廳。

維也納博物館區正面入口。

- ✉ Museumsplatz 1
- 🕐 Leopold Museum平日10:00～18:00,週四10:00～21:00,其他每個博物館開放時間和票價皆不同,可上網查詢
- 💲 MQ Kombi €25,MQ ART €21.5,MQ Duo €16
- ➡ 搭乘地鐵U2在Museum squartier站下車

欣賞中世紀藝術名作

亞爾伯提納博物館 *Albertina*

參觀過莫札特故居，可以步行前往此博物館。

亞爾伯提納博物館建於哈布斯堡王朝統治時，造型相當奇特，裡面展示有中世紀和文藝復興時期的名家作品，其中包括許多精彩的版畫、細密畫、素描、海報等；有的作品還被設計成現代商品，行銷至世界各地。

✉ Albertinaplatz 1
📞 (01)534-830
FAX (01)53483-430
http www.albertina.at/
🕐 週一、二、四、六10:00～18:00，週三10:00～21:00
$ 大人€9.5；60歲以上、持維也納卡、優待票€8；學生€7
➡ 搭乘地鐵U2在Museum squartier站下車

亞爾伯提納博物館以版畫收藏聞名於世。

鍍金球體裝飾的獨特建築

分離派會館 *Secession*

此建築物本身即相當精彩，來到附近，立刻會被屋頂上方裝飾的那顆鍍金球體所吸引。

分離派會館的設計者是建築大師奧圖・華格納的弟子——奧布里希(Olbrich)與多位藝術家共同完成，於1898年建造，整體風格以簡約和合乎邏輯為主，採用顛覆古典主義的手法。

分離派會館內部經常展出維也納新銳畫家和藝術工作者的創作，雖然有的作品因為過於怪誕令人有看不懂的感覺，但是地下室的天花板和牆壁，裝飾有名畫家克林姆繪製的《貝多芬壁畫》及設計草圖，值得前往觀賞。

✉ Friendrichstrasse 12
📞 (01)5875-307
FAX (01)587530-734
http www.secession.at
🕐 週二～日10:00～18:00、週四10:00～20:00、週一休息
$ 包括展覽和貝多芬廳，大人€6、優待票€3.5、團體優待票€2.5。不包括貝多芬廳，大人€4.5、優待票€3
➡ 搭乘地鐵U1、U2、U4在Karlsplatz站下車，步行約5分鐘

分離派會館的造型，完全顛覆傳統的維也納印象。

維也納最知名的怪建築
百水公寓 *Hunder Swasserhaus*

充滿扭曲線條與色塊組合百水公寓，是維也納怪建築之代表。

最受遊客喜愛的怪建築，就是這棟布滿色塊和線條組合的百水公寓。

維也納的畫家之中，以百水先生所設計的房子最為有趣，無論從任何角度觀賞此建築，皆可看到歪歪斜斜的柱子，有的造型像保齡球，有的像瓶子，而各種顏色的窗戶，彷如渲染開來的水彩，勾勒於立面牆壁上；此外屋頂裝飾的尖形塔樓，遠遠看來，又有伊斯蘭清真寺的感覺，令人忍不住抬頭觀望。

其實百水公寓內部更加精彩，地面和樓梯皆具有不規則的設計，但是因為不開放參觀，所以只能進入對面另外一棟建築物，窺知百水先生的創意。

在這棟風格類似的建築物中，包括有藝廊、餐廳、咖啡館、藝品店等，從牆壁和地面拼貼的馬賽克裝飾，都具有百水公寓的縮影；尤其位於地下室的洗手間，更有著令人驚奇的裝飾手法。

百水公寓對面的建築物，仿造百水公寓設計，裡面有藝廊、咖啡館和商店等。

✉ 3 Lowengasse/Kegelgasse

💲 無，廁所 €0.5

➡ 搭地鐵U4在Shwederplarz站下車，轉搭地上電車N線，在Hetzgasse站下車，步行約3分鐘

造型特殊的藝術空間

維也納藝術館 *Kunsthaus Wien*

藝術館內展示有畫家百水的各種創作。

整體建築風格類似畫家百水先生設計的公寓,立面線條呈現出不規則形狀,裡面有展示百水先生畫作的藝廊和餐廳、紀念品店等。

維也納藝術館裡面包括有藝廊、商店和餐廳等,其中位於2樓的藝廊展示有畫家百水設計的郵票、車牌、書籍封面和繪畫作品等,充滿鮮豔的色彩和扭曲的線條。

位於維也納藝術館內的餐廳,不僅可以坐下來喝杯咖啡,也可以邊用餐,邊欣賞綠色植物,倘若走累了,不妨來到這裡歇歇腳。

- ✉ 13 Untere Weissgerberstrasse
- ☎ (01)712-0491
- 🕐 10:00～19:00
- 💲 €8
- ➡ 搭地鐵U4在Shwederplarz站下車,然後轉搭地上電車N線,在Hetzgasse站下車,步行約5～8分鐘

建築大師之作

青春派大樓 *Wagner Apartments*

倘若沒有仔細尋找,很容易錯過此建築物。

青春派大樓是維也納建築大師——奧圖・華格納(Otto Wagnern)的作品,包括有兩棟公寓,其中一棟外觀裝飾有女神頭像、金色棕櫚葉和藤蔓等;另外一棟的立面、由許多塊狀的馬賽克瓷磚,拼貼成美麗的樹形。

- ✉ 38 & 40 Linke Wienzeile
- ➡ 搭乘地鐵U4在Kettenbruckengasse站下車

青春派大樓是建築大師華格納設計的公寓建築。

徜徉於音樂與酒香

格林欽 *Grinzing*

格林欽的酒莊餐廳，夏季期間將桌椅擺設於葡萄棚架下，氣氛輕鬆又浪漫。

充滿音樂和酒香的區域，每一家餐廳都有不同特色，即使不喝酒，純粹欣賞這裡的建築與氣氛，亦足以令人陶醉。

格林欽酒鄉，有許多布置典雅的酒館兼餐廳；夏季期間，每當葡萄新酒出產之際，可以看到店家將桌椅擺設於葡萄棚架下，同時又插上松枝、點亮燈光，以迎接客人的來臨。

在格林欽酒鄉，有的餐廳販售自家釀造的年度新酒，有的餐廳則收購鄰近的葡萄園所出產的酒類；然而不管如何，來到這裡，重點就是一面欣賞音樂演奏或民謠歌唱，一面暢飲葡萄酒、搭配奧地利傳統菜餚，盡情享受歡樂時光。

✉ 維也納西邊郊外　　➡ 在環城大道Schottentor搭乘電車38號，在終點站下車，步行約5～10分鐘

餐廳·咖啡館
Restaurant·Café

莫札特咖啡館 *Mozart bei der Oper*

在維也納或薩爾斯堡都有的咖啡館兼餐廳,從這裡步行至莫札特故居和國家歌劇院都不遠,對於前往欣賞莫札特音樂和歌劇表演非常方便。

- ✉ Albertinaplatz 2
- ☏ (01)24100-220
- FAX (01)24100-219
- http www.cafe-wien.at
- ⏰ 08:00～凌晨00:00
- ➡ 搭乘地下鐵U1、U2、U4在Karlsplatz下車;搭乘地上電車D、J、1、2在Oper下車;搭乘巴士3A在Albertinaplatz下車

維也納歌劇院咖啡館 *Café Oper Wien*

國家歌劇院附設的咖啡館,前往欣賞莫札特音樂會和歌劇時,可以先到這裡喝咖啡、用餐,以便打發等候進場的時間。

- ✉ Herbert von Karajan Platz 1
- ☏ (01)51339-57
- http www.cafeoperwien.at
- ⏰ 週一～六08:00～凌晨00:00,週日、假日09:30～凌晨00:00
- ➡ 搭乘地下鐵U1、U2、U4在Karlsplatz下車;搭地上電車D、J、1、2在Oper下車

薩荷咖啡館 *Café Sacher*

維也納豪華五星級飯店附設的咖啡館,於1810年創立,裡面裝飾有水晶燈和名畫,充滿優雅氣派感。

這家咖啡館最有名的是薩荷蛋糕(Sachertorte)與馬車夫咖啡(Fraker),每天都可看到穿著時髦的當地人或遊客坐在裡面喝咖啡或用餐。

欣賞莫札特音樂和歌劇之前,不妨先到這裡喝咖啡享受下午茶時光。

- ✉ PhilharmonikerstraBe 4
- ☏ (01)51456-661
- FAX (01)51456-810
- http www.sacher.com
- ⏰ 08:00～凌晨00:00
- ➡ 搭乘地下鐵U1、U2、U4在Karlsplatz下車;搭地上電車D、J、1、2在Oper下車;搭乘巴士3A在Albertinaplatz下車

約翰咖啡館・餐廳
Café Restaurant Johann

位於市立公園內的Kursalon Wien音樂廳，附設的餐廳兼咖啡館；前往欣賞莫札特和約翰・史特勞斯音樂會時，可以先到這裡喝咖啡或用餐。

每逢音樂季期間，倘若想要在此享用晚餐，最好先預約訂位。

✉ Johannesgasse 33, 1010 Vienna
☎ (01)5126-790
http www.kursalonwien.at/johann?lang=en
🕐 17:00～凌晨00:00(熱食供應至18:00)
➡ 搭乘地鐵U4在Stadtpark下車，地鐵U3在Stubentor下車；搭地上電車1、2號在Weihburggasse下車；地上電車71、D在Schwarzenbergplatz下車

霍夫堡咖啡館 *Café Hofburg*

前往霍夫堡欣賞莫札特音樂會，可以先到這家咖啡館小坐一番，由於周遭都是典雅的皇宮建築，所以吸引許多遊客在此小憩。

✉ Hofburg Innerer Burghof / Michaelertor
☎ (01)5333-113
http www.cafe-wien.at
🕐 每日10:00～18:00；現場音樂演奏週日14:30～16:30
➡ 搭乘地下鐵U3在Herrengasse下車；搭地上電車D、J、1、2，巴士57A在Burgring下車；或巴士2A、3A在Michaelerplatz下車

蘭德曼咖啡館 *Café Landtmanvn*

維也納著名的咖啡館兼餐廳，由於位置鄰近宮廷劇院，因此欣賞莫札特音樂歌劇之前或之後，都可以走到這裡喝咖啡和用餐。

✉ Dr.-Karl-Lueger-Ring 4
☎ (01)241-000
FAX (01)5320-625
http www.landtmann.at
🕐 每日07:30～凌晨00:00
➡ 搭乘地上電車D、1、2在Rathausplatz或Burgtheater下車

中央咖啡館 *Café Central*

　　維也納百年經典咖啡館之一，創業於1876年，許多名人作家都曾經到過這裡，堪稱是文藝交流中心。

　　此咖啡館本身即具有古典氣氛，從正面入口走進去，還可看到咖啡桌旁邊的作家阿登博格雕像，吸引許多遊客合影留念。

　　每天下午，在此可以聆聽音樂演奏；喝過咖啡之後、還可步行到國家歌劇院欣賞莫札特音樂歌劇。

- ✉ Herrengasse 14/ Strauchgasse
- ☎ (01)533376-361
- 📠 (01)533376-338
- http www.palaisevents.at
- 🕐 週一~六07:30~22:00，週日、假日10:00~22:00；現場音樂演奏週一~日17:00~22:00
- ➡ 搭乘地下鐵U3；巴士2A、3A在Herrengasse下車

格林斯坦咖啡館 *Café Griensteidl*

　　位於霍夫堡的另一側入口——聖米歇爾廣場(Michaelerplatz)旁，此咖啡館的前身創立於1847年，曾經是奧地利文人作家激發靈感之處，原址位於Dietrichstein王宮內，後來因為創辦人去世，加上王宮改建而沉寂多時，於1991年重新開業。

- ✉ Michaelerplatz 2
- ☎ (01)5352-693
- 🕐 週一~六07:00~23:00、週日11:00~20:00
- ➡ 搭乘地下鐵U2在Herreng下車

宮殿咖啡館 *Café Residenz*

　　平常到熊布倫宮，主要都是為了參觀皇宮和庭園景致；每逢音樂季期間，還可置身於華麗的宮殿內，聆賞莫札特音樂會。

　　此時，不妨利用空檔到這裡喝咖啡、搭配蘋果捲心蛋糕；倘若時間充裕，還能看到此蛋糕的製作過程。

- ✉ Schloss Schönbrunn / Kavalierstrakt 52
- ☎ (01)241-000
- 📠 (01)24100-319
- http www.cafe-wien.at
- 🕐 每日09:00~20:00，現場音樂演奏週六日14:30~16:30
- ➡ 在西火車站搭乘地上電車58號，在Schloss Schönbrunn下車；或在南火車站搭地上電車D號至Karlsplatz站下車，再轉搭地鐵U4在Schönbrunn或附近的Hietzing下車；此外亦可搭乘電車10號、巴士10A在Schönbrunn下車

奧地利街頭美味

在奧地利，可以吃到傳統料理和來自世界各國的餐飲，對於預算有限的自助旅行者來說，到處都可找到便宜又美味的街頭小吃、麵包店或披薩店等，以下列舉幾種常見的食物：

◆ 三明治Sandwich

各地都設有分店的海鮮三明治店，雖然價錢並不便宜，但是因為依照重量計價，所以可以根據自己的預算點餐；以女性為例，基本上，吃一個三明治即可飽餐一頓。

◆ 麵包Bread

各式各樣的麵包或甜甜圈，是最常見的點心。

◆ 披薩Pizza

在維也納市中心和瑪麗亞大街都可買到不同口味的披薩，便宜又好吃。

◆ 卡巴Kebab

中東地區的三明治，在維也納街頭可以買到，用阿拉伯烤麵餅包著雞肉、牛肉、羊肉、紅蘿蔔、紅椰菜和醬料……等。

◆ 維也納炸豬排
wiener schnitnel

大塊的薄片炸豬排，口味有點油膩，最好搭配生菜沙拉一起吃。

◆ 奧地利牛肉湯Tafelspitz

雖然說是牛肉湯，但是可以當作主食。

◆ 匈牙利紅燒牛肉Gulasch

來自匈牙利的傳統料理，看顏色似乎很辣，但真正口感並不太辣；包括有牛肉、洋蔥、蕃茄加入紅椒粉熬煮而成，搭配麵糰或麵包，可當作主食。

◆ 薩荷巧克力蛋糕Sacher Torte

濃郁味甜的巧克力蛋糕，適合搭配鮮奶油品嘗。

維也納─餐廳・咖啡館

◆ **蘋果捲心餅Strudel**

包著蘋果或其他水果餡的捲心派餅。

◆ **牛排Stead**

烤腓力牛排，搭配香脆馬鈴薯條和生菜沙拉。

◆ **烤雞Höhnchen**

又香又酥的烤雞肉或雞排，口味比較鹹，適合搭配啤酒或葡萄酒。

◆ **沙拉 Salad**

以海鮮或蔬菜為主的沙拉，份量十足。

◆ **香腸・火腿Sausage・Ham**

受到德國飲食文化影響，奧地利人喜歡吃各種香腸火腿。

◆ **起司Cheese**

像歐洲其他國家一樣，奧地利食物中亦不能夠沒有起司。

◆ **啤酒Bier**

奧地利料理口味較重，可以搭配一杯冰涼的啤酒。

◆ **冰淇淋Eis**

奧地利人不分年紀都喜歡邊走邊吃冰淇淋。

◆ **咖啡加淡牛奶**
  Melange

維也納的招牌──米朗琪咖啡，適合搭配蛋糕品嚐。

莫札特的故鄉
薩爾斯堡

奧地利中部的美麗小鎮，也是音樂天才莫札特生長的地方。

薩爾斯堡的風光怡人，放眼看去、可見起伏的山丘和蜿蜒的河流，而點綴其間的有宏偉的城堡、宮殿、教堂、花園以及一系列中世紀民宅；如此優美的景致，正是孕育出莫札特音樂的靈感泉源。

薩爾斯堡分成新城和舊城兩個區域，中間隔著薩爾斯河和多座橋樑，新城部分有莫札特故居、米拉貝爾宮和花園、州立劇院、三位一體教堂等景點；舊城部分包括有：莫札特出生地、莫札特廣場、大教堂、大主教宮邸、節慶大廳、霍夫薩爾斯堡、聖彼得教堂等。

在薩爾斯堡、追尋莫札特的足跡，主要是參觀昔日莫札特居住的房宅，然後再順遊周邊其他景點，由於莫札特曾經擔任過薩爾斯堡宮廷樂手，所以這裡的城堡或宮殿，都令人聯想起莫札特的音樂生涯。

此外，每年7月中旬 9月間此地舉行的薩爾斯堡音樂節，每天都有莫札特的歌劇和音樂會，分別於不同的場地表演，除了可以看到國際頂尖的音樂家或歌劇演員之外，還可看到平時難得一見的演奏大廳，所以想要充分體驗莫札特的魅力，絕對不能錯過此盛會。

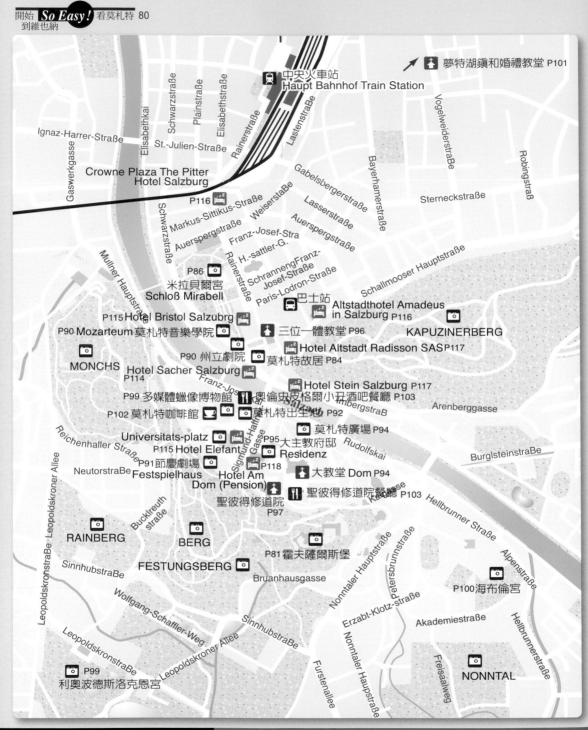

中央火車站
Haupt Bahnhof Train Station

夢特湖鎮和婚禮教堂 P101

Ignaz-Harrer-Straße

Elisabethkai

Schwarzstraße

Plainstraße

St.-Julien-Straße

Elisabethstraße

Rainerstraße

Lastenstraße

Vogelweiderstraße

Robingstraß

Gaswerkgasse

Crowne Plaza The Pitter
Hotel Salzburg

Bayerhamerstraße

Sterneckstraße

P116

Schwarzstraße

Markus-Sittikus-Straße

Weiserstaße

Gabelsbergerstraße

Lasserstraße

Auerspergstraße

Auerspergstraße

Müllner Hauptstraße

Franz-Josef-Stra

H.-sattler-G.

Schallmooser Hauptstraße

P86

Rainerstraße

SchrannengFranz-
Josef-Straße

Paris-Lodron-Straße

米拉貝爾宮
Schloß Mirabell

巴士站
Altstadthotel Amadeus
in Salzburg P116

KAPUZINERBERG

P115 Hotel Bristol Salzuubrg

P90 Mozarteum 莫札特音樂學院

三位一體教堂 P96

Hotel Altstadt Radisson SAS P117

MONCHS

P90 州立劇院

莫札特故居 P84

Hotel Sacher Salzburg
P114

Franz-Jos

Hotel Stein Salzburg P117

Arenberggasse

P99 多媒體蠟像博物館

奧倫史皮格爾小丑酒吧餐廳 P103

P102 莫札特咖啡館

莫札特出生地 P92

Salzac

Sigmund-Haffner Gasse

Timbergstraß

Universitats-platz

莫札特廣場 P94

Reichenhaller Straße

P115 Hotel Elefant

P95 大主教府邸
Residenz

Rudolfskai

Burglsteinstraße

NeutorstraBe

P91 節慶劇院
Festspielhaus

P118

Hotel Am
Dom (Pension)

大教堂 Dom P94

聖彼得修道院
P97

聖彼得修道院餐廳 P103

Hellbrunner Straße

Bucklreuth straße

RAINBERG

BERG

P81 霍夫薩爾斯堡

Nonntaler Hauptstraße

Alpenstraße

SinnhubstraBe

FESTUNGSBERG

Bruanhausgasse

Petersbrunnstraße

P100 海布倫宮

Wolfgang-Schaffler-Weg

SinnhubstraBe

Erzabt-Klotz-straße

Akademiestraße

Hellbrunnerstraße

Leopoldskronstraße · Leopoldskroner Allee

Leopoldskronstraße

Leopoldskroner Allee

Fürstenallee

Nonntaler Hauptstraße

Freisaalweg

P99
利奧波德斯洛克恩宮

NONNTAL

薩爾斯堡交通指南

從維也納搭乘火車到薩爾斯堡約3小時；從茵斯布魯克搭火車約2小時。從中央火車站進入薩爾斯堡舊城，可搭乘巴士。

造訪莫札特
Mozart

薩爾斯堡—造訪莫札特

聳立高丘的中世紀古堡
霍夫薩爾斯堡 *Fortress Hohensalzburg*

在此城堡內，可以聆聽莫札特音樂演奏會，或參加音樂晚餐套裝行程。

霍夫薩爾斯堡位於高丘之上，是昔日的大主教格布哈爾德(Gebhard)建於1077年的防禦性城堡。後來經過歷任主教加以擴建之後，才變成現在的規模。站在城堡瞭望台，眺望薩爾斯堡河流與建築景觀，視野相當美好。

平日來到霍夫薩爾斯堡，主要為參觀堡內的小型博物館，展示有中世紀武器、刑具和造型奇特的樂器等。每當音樂季期間，可以坐在裡面的廳室，欣賞莫札特或其他音樂家的作品。

城堡博物館內有古城牆遺跡。

✉ Moenchsberg 34
☎ (0662)84243-011
FAX (0662)84243-020
http www.salzburg-burgen.at
🕐 1～4月09:30～17:00，5～6月09:00～18:00，7～8月09:00～19:00，10～12月09:30～17:00(12/2提前於14:00)，每週末、復活節09:30～18:00
$ 城堡卡(包括纜車、城堡博物館、Rainer Regiment Museum、Marionette Museum)大人€10，優待票€9.1
➡ 從中央火車站搭乘巴士 3、5、6號，在Rathaus下車，然後步行約5分鐘；或搭計程車10分鐘

參觀城堡博物館要從這裡走上去。

城堡博物館展示有昔日的武器、刑具和樂器等。

庭院

城堡
博物館

小教堂

展望台

步行登上城堡路線

從這裡可清楚眺望大教堂和薩爾斯堡周遭景觀。

位於霍夫薩爾斯堡裡面的小教堂。

城堡博物館展示有昔日的
陶瓷容器。

坐在這裡喝咖啡或
用餐可俯眺薩爾斯
堡美景。

城堡博物館展示各種奇特的刑具。

咖啡館

登山纜車道

城堡博物館展示有蛇狀造
型的樂器。

從下面必須搭乘登山纜車上城堡。

金色廳室裝飾著華麗
的天花板、哥德式磁
磚和彩色暖爐等。

堡內的皇家廳室經常舉行莫札特音樂會。

薩爾斯堡—造訪莫札特

窺看莫札特一家人的生活樣貌

莫札特故居
Mozart-Wohnhaus (Mozart's Residence)

門扉右邊是購票處和紀念品店，左邊樓梯是通往博物館的入口。

這裡是莫札特和家人1747～1773年居住的地方，站在正面可以看到門口插有紅白相間的旗幟，代表這是被列入奧地利國家保護的古蹟。

參觀莫札特故居，必須先在1樓右側購買門票，此外還可租到不同語言的導覽機，接著再從對面的樓梯走到這棟房子的2樓。

沿著樓梯走上二樓，可參觀莫札特故居。

博物館內有莫札特相關圖片與資訊。

此棟房屋二樓，是昔日莫札特和家人曾經居住之處。

門扉上的標記，提醒遊客這裡是莫札特故居博物館。

莫札特故居博物館，目前內部擺置有關莫札特的鋼琴、家具、樂譜、信件、照片、影片介紹……等，雖然設備十分簡單，但卻呈現出昔日莫札特一家人的生活型態。

看過莫札特故居的內景之後，從出口可以通往紀念品店，在此可採買到各種以莫札特畫像為標誌的商品。

✉ Makartplatz 8
☎ (0662)87422-740
🖷 (0662)872-924
🕐 09:00～18:00，7、8月延至19:00
💲 €6，含莫札特出生地€9.5
➡ 從中央火車站搭乘巴士1、5、51號在Makartplatz下車，步行約1分鐘；或搭計程車10分鐘

電影《真善美》場景

米拉貝爾宮
Schloß Mirabell (Mirabell Palace)

米拉貝爾宮是《真善美》電影拍攝地，也是薩爾斯堡音樂節主要場地。

　　每年薩爾斯堡音樂節活動主要場地，平時亦可欣賞莫札特音樂會和歌劇演唱。

　　米拉貝爾宮最被遊客熟知的，是好萊塢拍攝的音樂電影《真善美》(Sound of Music)，裡面女主角茱莉・安德魯斯帶領7名小孩高唱「Do、Re、Mi」，即以此花園為背景；隨著優美的歌聲和旋律放送，使得薩爾斯堡的美景深入人心。

　　米拉貝爾宮最早建於1606年，當時薩爾斯堡大主教沃爾夫(Wolf-Dietrich)為他的情婦興建此宮殿，後來於1818年被大火焚毀，經過多年重建，才恢復原來的壯麗風貌。

薩爾斯堡—造訪莫札特

米拉貝爾宮外觀和內部，皆以典雅風格著稱。

米拉貝爾宮包括有宮殿、花園、雕塑、噴泉、迷宮……等，園內還有一間巴洛克藝術館，裡面陳列許多巴洛克雕像和繪畫，平時夜間並不開放，但是每當音樂季期間，可以坐在展覽廳聆聽莫札特音樂會。

米拉貝爾宮內部最醒目的是一道晚期的文藝復興式樓梯，裝飾有20尊天使雕像，從這裡往上走可通往大理石廳(Marmor Saal)；從前莫札特曾經於此為大主教彈奏鋼琴，現在成為薩爾斯堡居民舉辦婚禮的場地，所以又稱為「婚禮大廳」。另外，這裡也經常舉行莫札特音樂會與歌劇。

📧 Mirabellplatz
📞 (0662)80722-334；大理石廳(0662)80722-338
📠 (0662)80722-929；大理石廳(0662) 80722-929
🕐 08:00～18:00；大理石廳週一、三、四08:00～16:00，週二、五13:00～16:00
💲 免費
➡️ 從中央火車站搭乘巴士1、5、51號，在Makartplatz下車，步行約1分鐘；或搭計程車10分鐘

米拉貝爾花園入口，裝飾有希臘神話雕塑。

米拉貝爾宮花園內的巴洛克博物館，經常舉辦莫札特音樂會。

位於米拉貝爾花園內的橘園和巴洛克博物館。

米拉貝爾花園右側門扉處有迷宮般的花圃。

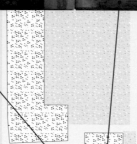

入口

米拉貝爾花園

噴泉

步道

花園

花園林道

入口　花園

通往大理石廳的巴洛克樣式樓梯。

米拉貝爾宮殿

噴泉

玫瑰花園

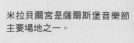

米拉貝爾宮是薩爾斯堡音樂節主要場地之一。

米拉貝爾宮和花園入口
兩側有巴洛克式雕像。

米拉貝爾花園左側的紫陽花圃和女神雕像。

電影《真善美》的場景之一，是從米拉貝爾宮眺望城堡。

莫札特節慶表演處所
州立劇院 *Salzburger Landestheater*

州立劇院是薩爾斯堡新城的表演中心。

　　州立劇院位於莫札特故居對面、木偶劇院的右邊；從旁邊的巷道往內走，還可抵達米拉貝爾宮和花園。此劇院外觀並不華麗，但是經常舉行莫札特音樂會或歌劇表演。

　　平時來到州立劇院，可以從門口或旁邊懸掛的海報和劇照，得知最新的表演訊息；每年舉行的「莫札特節慶」(Mozart Festival)也是以此為主要場地。

✉ Schwarzstraße 22
☎ (0662)87151-221
FAX (0662)871512-190
http www.salzburger-landestheater.at/
➡ 從中央火車站搭乘巴士1、5、51號，在Makartplatz下車，步行約1分鐘；或搭計程車10分鐘

歌劇《魔笛》創作處
莫札特音樂學院 *Mozarteum*

在莫札特音樂學院，可欣賞便宜的音樂會。

　　由於莫札特在薩爾斯堡期間，曾經與當時的大主教發生衝突，之後就遷往維也納定居；直到創作最後一齣歌劇《魔笛》(Magic Flute)時才回到故鄉，所以這間房子又被稱作「魔笛小屋」(Zauberflotenhauschen)。

　　現在莫札特音樂學院裡面，包括有莫札特圖書館、紀念館、音樂廳等，屬於國際性的基金會。

　　在此可找到所有關於莫札特音樂會和購票資訊等。

　　莫札特音樂學院位於木偶劇院左側，附近還有州立劇院，於1914年成立後，目前花園內仍保留一間莫札特住過的避暑小屋。

✉ Mirabellplatz 1
☎ (0662)61980
FAX (0662)61983-033
http www.moz.ac.at/
$ 免費
➡ 從中央火車站搭乘巴士1、5、51號，在Makartplatz下車，步行約1分鐘；或搭計程車10分鐘

莫札特節慶表演處所

節慶劇場 *Festspielhaus*

節慶劇場的入口大廳，周遭布滿彩繪。

節慶劇場內有多座表演廳，堪稱薩爾斯堡藝文活動中心。

這是欣賞莫札特音樂會和歌劇最主要地點，平時可以參觀內部大廳和舞台幕後設備等。

節慶劇場建於1920年，外觀樸素，正面裝飾有歌劇面劇雕塑，每年薩爾斯堡舉行的音樂節活動，以此為最主要表演場地，倘若計畫前往欣賞，必須預先訂票。

節慶劇場的入口大廳，牆壁上布滿色彩鮮豔的壁畫，其中不乏與音樂有關的人物及樂器，具有濃厚的藝術氣息。除此之外，內部還包括有一座大音樂廳(Grosses Festspielhaus)，是1960年為了慶祝薩爾斯堡音樂節屆滿40週年而建造，約可容納2400名觀眾。

另外一座小型節慶廳(Kleines Festspielhaus)於1925年正式開放，1937年時改建成180個階梯的觀眾席，約可容納1320人；2006年7月26日起成為莫札特廳，以演出小型音樂會和歌劇為主。

現在來到節慶劇場，如果只是為了參觀內部，可以先到紀念品店櫃台購買門票，參加導覽行程，透過解說人員的介紹，瀏覽劇場和音樂節表演場地等。

這裡的大小音樂廳，是薩爾斯堡音樂節的重要場地。

✉ Hofstallgasse 1
☎ 導覽(0662)849-097
FAX 導覽(0662)847-835
http www.salzburgfestival.at
🕐 售票週一～五08:00～12:30、13:00～16:30；
導覽1～5月、10月～12/20每天14:00、6、9月每天14:00、15:30、7～8月每日09:30、14:00、15:30。
💲 導覽大人€5、小孩€2.9
➡ 搭乘巴士1、4、5、6、7、8在Hanuschplatz或Theatergasse下車，步行約5分鐘

莫札特節慶表演處所

莫札特出生地
Mozarts Geburtshaus(Mozart's Birthplace)

售票處位於這棟房子的第二層,要從樓梯走上去。

莫札特時期的薩爾斯堡家具布置。

　　莫札特的出生地是一棟4層樓的古典房宅,音樂神童莫札特於1756年誕生在這棟房子裡面,此建築本來屬於一位資本家兼香料商人所有,外觀由許多裝飾花邊的窗櫺所構成,懸掛有象徵古蹟保護的旗幟,隨時都有來自世界各地的遊客站在下面留影。

　　參觀莫札特出生地博物館,必須從底層入口,沿著一道又窄又像洞窟似地樓梯往上走,接著購買門票之後,再依照館內規畫的動線一一瀏覽。

薩爾斯堡—造訪莫札特

少年莫札特的畫像與樂譜等。

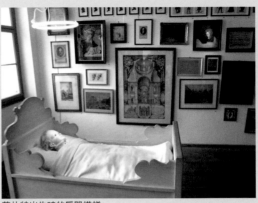

莫札特出生時的房間模樣。

莫札特出生時期的廚房模樣。

在紀念品店可買到各式各樣的莫札特商品。

　　在莫札特出生地博物館，一樓和二樓的廳室、主要展示莫札特和家族成員的肖像畫等，三樓部分擺設有莫札特出生時的住家樣式，包括古老的廚房、起居室、家具、油畫、書信、樂譜、鋼琴、歌劇布景和道具……等。

　　此外，在博物館內附設的紀念品店，可採買到各種與莫札特有關的商品，種類繁多不勝枚舉。

✉ Getreidegasse 9
☎ (0662)844-313
FAX (0662)840-693
http www.mozarteum.at/
🕐 每日09:00～18:00；7～8月09:00～19:00
💲 €6，包括莫札特故居€9.5
➡ 搭乘巴士1、4、5、6、7、8在Hanuschplatz
　 或Theatergasse下車，步行約3分鐘

與街頭音樂家相遇
莫札特廣場 *Mozartplatz*

廣場上的莫札特雕像是本地重要標誌

位於大教堂和鐘樓附近,廣場上豎立著莫札特雕像,周遭還有咖啡館、餐廳等。

在莫札特廣場,可以看到這尊莫札特雕像以青銅雕塑,和維也納所見的白色雕像大不相同,漫步於此,每天會有幾次聽到來自鐘樓的悅耳鐘聲,此外,亦不時可見街頭音樂家在此演奏。

- ✉ Mozartplatz
- ➡ 從中央火車站搭乘巴士3、5、6號,在Rathaus下車,然後步行約5分鐘;或搭計程車10分鐘

舊城中的巴洛克圓頂地標
大教堂 *Dom (Cathedral)*

平日在前面的廣場,可以聽到街頭音樂家演奏莫札特音樂,而薩爾斯堡音樂節亦以此為表演場地。

大教堂是薩爾斯堡舊城區的地標建築之一,屬於巴洛克樣式,由白色的大理石構成,中央建有巨大圓頂,兩側各有一座尖塔;從山丘上的城堡可清楚俯瞰全景,而站在每個角落都能看到高聳的尖塔。

薩爾斯堡的大教堂擁有古老的歷史,最早於8世紀興建,到了1614～1655年改成現在模樣,後來因為多次遭到戰火摧毀,直到1959年才修復完成。

大教堂正面入口設有三座青銅門扉,以「信、望、愛」作為雕刻主題。而位於屋簷下面的浮雕群,包括有耶穌基督、摩西、以利亞、城市守護神、大主教徽記……等雕像。

大教堂內部的穹頂和周遭皆裝飾彩繪壁畫,此外還有樣式典雅的大型管風琴,每當彈奏聖樂時,可以聽到優美的旋律迴盪於整個空間。

大教堂是舊城的地標建築,前方廣場是音樂節場地之一。

- ✉ Postfach 62 (Domplatz)
- 📞 (0662)80471-860
- 📠 (0662)80471-809
- 🕐 www.kirchen.net/dommuseum
- 💲 教堂自由捐獻。博物館5/11～10/28成人€4.5,18歲以下€1.5,27歲以下學生€1.5;12/1～1/6€3.5,6～18歲€1,27歲以下學生€1;持薩爾斯堡卡免費
- 🕐 5/11～10/28(12/24、12/31除外)週一～六10:00～17:00,週日及假日11:00～18:00
- ➡ 從中央火車站搭乘巴士3、5、6號,在Rathaus下車,步行約8分鐘;或搭計程車10分鐘

華麗古典的中世紀建築

大主教府邸 *Residenz*

大主教府邸是昔日薩爾斯堡的權力重心。

從這裡走進去，可參觀大主教府邸博物館。

　　前面廣場經常舉行戶外音樂會，從旁邊的鐘樓往東走，可以抵達莫札特廣場。

　　在薩爾斯堡，從前權力最高的統治者是大主教，從1120年開始歷任大主教皆居住於此座府邸，原始建築完成於1619年，前方廣場裝飾有1659年造的巴洛克式噴泉，以海馬雕塑為主題。

　　大主教府邸裡面約有180個廳室，分別屬於華麗的巴洛克與古典風格，其中一間會議廳，是少年莫札特曾為大主教演奏的地點，此外還有美術館、展覽廳、辦公室、藝廊等，在此可見許多精緻的壁畫、雕塑、繡帷，以及16～19世紀間的歐洲繪畫等。

✉ ResidenzPltaz 1
📞 (0662)80422-690
🌐 www.residenzgalerie.at/
🕐 10:00～17:00，週一休息
💲 18歲以上€6，6～16歲€2，團體&學生&退休者&軍人€5，藝術學生免費
➡ 從中央火車站搭乘巴士 3、5、6號，在Rathaus下車，然後步行約5分鐘；或搭計程車10分鐘

順遊景點
Destination

遠眺華麗金色圓頂
三位一體教堂
Dreifaltigkeistirche(Holy Trinity Church)

三位一體教堂是薩爾斯堡新城區的地標。

位於新城區的圓頂大教堂，鄰近莫札特故居所在地。

薩爾斯堡的三位一體教堂，和維也納的卡爾斯教堂一樣，設計者都是建築師 Fischer von Erlach，此教堂建於1694～1703年之間，特徵為中央建有金色的大圓頂，兩邊各有一座鐘塔。

三位一體教堂上方的雕像，包括有「愛」、「希望」、「智慧」之主題；走進教堂內部可以看到穹頂裝飾著精彩的聖像畫，屬於藝術家Johamm Michael Rottmayr的作品。

- ✉ Dreifaltigkeitsgasse 14
- ☎ (0662)877-495
- ⏰ 週一～六06:30～18:30，週日 08:00～18:30
- ➡ 從中央火車站搭乘巴士1、5、51 號，在Makartplatz下車，步行約1分 鐘；或搭計程車10分鐘

薩爾斯堡—順遊景點

遠眺華麗金色圓頂

聖彼得修道院
Stiftkirche Saint Peter's(St. Peter Abbey)

院內有一架風琴，是莫札特曾經彈奏過的；而位於旁邊的墓園裡面，有莫札特的姊姊、音樂家海頓等名人墓園。

聖彼得修道院本來建於1130年，當時為羅馬風格，後來於中世紀改成巴洛克樣式，包括有禮拜堂、以及用鍛鐵柵欄圍繞著的巴洛克拱廊，裡面奉置薩爾斯堡歷代貴族的墓柩。

走進聖彼得修道院，可以看到內部的天花板繪製有聖像畫，位於右側的走廊，還有5世紀左右的石棺、遺骨、墓碑等。

修道院廣場由一系列中世紀建築所圍繞。

- ✉ St. Peter Bezirk I-4
- ☎ (0662)8445-780
- ⏰ 4～9月每天06:30～19:00，10～3月每天06:30～18:00；墓園開放時間：日出～日落
- 💲 免費
- ➡ 從中央火車站搭乘巴士3、5、6號，在Rathaus下車，步行約15分鐘，或搭計程車約15分鐘

聖彼得修道院附屬墓園，有幾位名人長眠於此。

散發優閒氣息的石板步道

格特萊第街 *Getreidegasse*

格特萊第街兩旁都是商店，掛著鍛鐵打造的美麗招牌。

➡ 搭乘巴士1、4、5、6、7、8號在Hanuschplatz、
Theatergasse、Rathaus下車，步行約3分鐘；或搭
計程車10分鐘

此街上有莫札特誕生的房子，現在街道兩旁林立著名牌精品店、服飾店、紀念品店等，堪稱薩爾斯堡最熱鬧的購物街。

來到格特萊第街，主要目的就是參觀莫札特出生地，目前已被闢為博物館；此外，優閒地漫步於街道上，一邊瀏覽美麗的櫥窗、一邊採買莫札特紀念品，也是來到薩爾斯堡的旅遊重點。

格特萊第街是一條鋪滿石板的人行步道，這裡每家商店的招牌皆採用鍛鐵雕造而成，仔細觀察，可以發現每面招牌都呈現不同創意和造型；走在這條狹長形的街道，放眼看去，只見天際間交錯著各式各樣的招牌，相當有趣。

在格特萊第街，有許多商店或餐廳不是以莫札特為名，就是販賣與莫札特相關的紀念品，倘若計畫前往欣賞莫札特音樂會，還可找到購買票券的地方。

沿著格特萊第街往下走，不久可抵達洗馬池廣場(Pferdeschwemme)、會議教堂廣場(Universitatsplatz)、舊市政廳(Rathaus)、舊市場廣場(Alter Market)……等，皆屬舊城精華區。

生動呈現薩爾斯堡歷史故事

多媒體蠟像博物館
Multimedia Wax Museum

位於莫札特出生地博物館的隔鄰，底層是一家紀念品店，裡面有種類繁多的莫札特商品。

多媒體蠟像博物館內部，以陳列蠟像、建築模型、音樂和多媒體影片等方式，將薩爾斯堡歷史與莫札特生平紀事，生動地呈現於遊客面前；不僅可以欣賞到莫札特音樂，亦可聆聽電影《真善美》的音樂和歌曲。

- ✉ Getreidegasse 7
- ☎ (0662)8422-580
- http www.miracleswaxmuseum.com/en/
- ◷ 週一～日09:00～19:00(最後入場18:00)
- $ 大人€12、16歲以下小孩與學生€6、家庭票€24；持薩爾斯堡卡免費
- ➡ 搭乘巴士1、4、5、6、7、8在Hanuschplatz或Theatergasse下車，步行約3分鐘

館內栩栩如生的蠟像，重現昔日薩爾斯堡宮廷生活。

電影《真善美》的划船場景

利奧波德斯洛克恩宮
Schloss Leopoldskron

在好萊塢拍攝的音樂電影《真善美》裡，由茱莉‧安德魯斯飾演的女主角瑪麗亞和7名小孩就是在前面的湖泊划船，並且掉落湖水中。

利奧波德斯洛克恩宮本來建於1736年，從這裡可以看到霍夫薩爾斯堡的姿影，現在並未對外開放，所以僅能站在外面欣賞。

- ✉ Leopoldskronstra 56-58
- ☎ (0662)839-830
- http www.schloss-leopoldskron.com/
- ➡ 參加「真善美」行程，或自行開車前往

前面的美麗湖泊，是《真善美》電影拍攝場景之一。

隱藏噴水機關的趣味花園

海布倫宮(赫波恩宮) *Schloss Hellbrunn*

參觀海布倫宮，隨時會有突如其來的泉水噴出來。

　　此宮殿入口處的白色涼亭，是音樂電影《真善美》中大女兒唱歌時的場景。

　　海布倫宮本來是一位喜歡開玩笑的主教Markus Sittikus於1615年所建，現在來到這裡參觀，可以從各式各樣的噴泉設計，看出昔日主人具有童心未泯的一面。不過，進入這座好玩的宮殿和花園，要先作好防水準備，因為隨時都會被隱藏的機關設計，噴得全身溼淋淋地。

　　海布倫宮包括有宮殿建築、花園、水池、噴泉、洞穴等，最特殊之處是無論走到哪裡，都有突如其來的泉水噴灑而出，每當遊客以為已經避開一處噴泉，又有另外一處噴泉迎面射出水柱，總之，置身其間，倘若沒有被水噴到，應該算是奇蹟了。

✉ Fürstenweg 37, A-5020 Salzburg

📞 (0662)820-372

FAX (0662)8203724-931

http www.hellbrunn.at/

🕐 3/20～4/30、10/1～11/2每日09:00～16:30；
　5、6、9月09:00～17:30；7、8月09:00～22:00

💲 大人€8.5、團體票€6.5、19～26歲學生€6、4～
　18歲小孩€3.8、家庭票(大人2名+小孩2名)€21.5

➡ 從薩爾斯堡中央火車站，搭乘巴士25號在Hellbrunn
　下車

海布倫宮的主體建築，以優雅黃色為基調。

中世紀屋宅妝點的迷人小鎮
夢特湖鎮和婚禮教堂
Mondsee & Cathedral

婚禮教堂教堂內部，擁有肋拱形屋頂和精緻祭壇。

《真善美》電影中的男女主角，在此座教堂舉行婚禮。

在音樂電影《真善美》中，女主角瑪麗亞與Vop Trapp上校舉行婚禮的地點。

這座婚禮教堂真正名稱為Basilika Mondsee zum HL. St. Michael，外觀為典雅的黃色，兩側裝飾有尖形鐘樓，屬於哥德式風格；走進內部，可以看到屋頂交錯的肋拱形線條，以玫瑰色搭配白色構成，具有小巧精緻之特點。

位於教堂前方的廣場，可以搭乘巡迴小鎮的古董小火車，有時還可看到身穿傳統服裝的街頭音樂家在此演奏。

除了婚禮教堂之外，夢特湖本身是一座迷人的小鎮，道路兩旁屹立著許多中世紀房宅，不僅色彩繽紛，亦裝飾著美麗的邊框或壁畫；對於時間較有彈性的遊客，不妨於此住宿一晚，也是不錯的選擇

✉ Kirchengasse 1, 5310 Mondsee

☎ (0623)24-166

http www.mondsee.at/

➡ 參加「真善美」行程，或從薩爾斯堡自行開車往Linz的途中；此外亦可開車從St. Wolfgang經St. Gilgen抵達Mondsee，約30分鐘車程

餐廳・咖啡館
Restaurant・Café

莫札特咖啡館
Café Mozart Salzburg

位於薩爾斯堡最熱鬧的購物街上，往前走不遠，即可抵達莫札特出生地博物館。這家咖啡館兼餐廳，將每日菜單和價格標示於門口，目的是令遊客放心地走進去用餐。

✉ Getreidegasse 22
📞 (0662)843-958
🌐 www.cafemozartsalzburg.at
🕐 08:00～凌晨00:00
➡ 搭乘巴士1、4、5、6、7、8在Hanuschplatz
或Theatergasse下車，步行約3分鐘

奧地利的咖啡館文化

奧地利人習慣坐在咖啡館用餐，因為本地的咖啡館多半供應有傳統料理或簡餐；每當音樂季期間，位於歌劇院和其他景點周邊的咖啡館，幾乎都是一位難求；倘若想要用餐，最好先預約或提早前往。

聖彼得修道院餐廳
Stiftskeller St. Peter (Peterskeller) Restaurant

聖彼得修道院附設的餐廳，推出莫札特音樂主題之晚餐，內部擺飾與莫札特有關的畫像、雕像、紀念物品等，餐廳門口的服務人員亦穿著奧地利宮廷服裝，令人有回到莫札特生活年代的感覺。

- ⊠ St. Peter Bezirk I-4
- ☎ (0662)8412-680
- 🕐 每日午餐11:30～14:30，晚餐18:00～22:00
- ➡ 搭乘巴士1、4、5、6、7、8在Hanuschplatz 或Theatergasse下車，步行約5分鐘

奧倫史皮格爾小丑酒吧餐廳 *Zum Eulenspiegel wein bar Restaurant*

位於莫札特出生地博物館對面，坐在這裡喝咖啡或用餐、可近距離欣賞博物館建築風采，以及格特萊第街的往來人潮與美麗招牌。

此餐廳外觀飾有彩繪與雕塑，除了供應咖啡和美食料理之外，同時亦是一家酒吧。

- ⊠ Hagenauerplatz 2
- ☎ (0662)843-180
- 📠 (0662)8431-806
- http www.zum-eulenspiegel.at/
- 🕐 週一～日11:00～14:00，18:00～22:30
- ➡ 搭乘巴士1、4、5、6、7、8在Hanuschplatz 或Theatergasse下車，步行約3分鐘

住宿情報
Accommodation

奧地利住宿選擇

奧地利的觀光業非常蓬勃,住宿方面有多樣化的選擇,無論設備或服務品質都達到一定的水準;包括有國際連鎖型的中、高級旅館、小型旅館、經濟型旅館、青年旅館、民宿、農莊等,此外還有本地特有的古蹟建築所改造的豪華旅館。

在奧地利各地住宿,大部分的旅館或民宿都可利用網路訂房;除了少數民宿或經濟型旅館收取現金之外,多半可以信用卡付費。

中高級飯店

奧地利的中高級飯店,佔有位置良好、交通便利之優點,不僅設備齊全又現代化、內部裝潢亦極盡華美氣派,然而住宿費用並不便宜。基本上,高級旅館每晚約€100~250以上。

中小型旅館

奧地利各地的中小型旅館很多,例如Accor集團或其他歐洲飯店集團都有不同等級的旅館可供選擇;另外還許多家族經營的古蹟旅館,具有濃厚的懷舊氣氛,每晚約€60~95不等。

民宿

在奧地利各地,皆可找到當地人開設的民宿;大部分的民宿都很乾淨舒適,有的房間附設衛浴、有的共用衛浴設備,收費依照地點、人數和房型而定。

奧地利的民宿,多半不可刷卡,每晚約€40~55左右,有的房價包含早餐在內,有的不包括,預約時要先詢問。這種民宿因為房間不多,所以除了必須提早訂房外,還要支付些許訂金。

青年旅館

在奧地利全國,大約有上百家的青年旅館(Youth Hostel),每逢旺季期間、比較受歡迎的青年旅館,例如:位於維也納的Ruthensteiner、Wombats,Do Step Inn……等都是一位難求。因此計畫旅行前,最好提前1、2個月預約,才能住進合乎自己需求的房間。

住宿奧地利的青年旅館,倘若持有國際青年旅館卡、可獲得優惠房價;收費標準依照房型、人數決定,每晚約€15~40。非會員住宿,只要填寫一張申請表,每住一晚多付€3.5,即可蓋一個「歡迎」章,蓋滿6個章以後可領取一張會員卡。

奧地利住宿不可不知

星等評定

　　奧地利的高級旅館與歐洲其他國家一樣，以星級分類，最高為5星級、其次為4星級、3星級、2星級、1星級等，此外還有不包括在內的民宿、農莊等。

淡旺季價差

　　在奧地利各地住宿，每年4～5月、7～8月以及復活節、聖誕節到新年期間，大部分的旅館都會客滿，必須提早1、2個月訂房；淡季期間到達當地再找即可。旺季與淡季的收費標準有所不同，約有5～10%的價差。

　　奧地利的旅館費用，根據地點、房型和人數而定，由於現在歐元匯率不斷上漲，所以將房價換算成新台幣之後並不便宜。

小費行情

　　在奧地利住宿旅館，依照慣例，每天早上出門前，必須於床頭放置小費，給清理房間的服務生；一般來說、每人每天約€2～3，隨著旅館等級愈高，小費行情也會跟著提升。

多人同住較划算

　　奧地利的旅館，單人房與雙人房的價格相差無幾，因此2人或多人同住比較划算。如果需要加床，還要加收費用，視每家旅館規定而有不同。

早餐與上網服務

　　在奧地利住宿，中高級旅館的房價多半包括早餐，有的民宿亦供應簡單的歐式早餐，此外有的旅館無線上網要額外收費，有的則不必，預約訂房時要先看清楚房價內容。

住宿小提醒

　　計畫奧地利旅行時，如果經常上各大飯店網站搜尋，有時候可找到特殊促銷訊息，以意想不到的優惠價，住進高品質的旅館。萬一沒有先訂旅館，抵達當地之後，可於維也納機場或市內的遊客中心、各大火車站的資訊中心等，請求幫忙訂房，必須支付手續費。

＊國際青年旅館網站：www.hihostels.com(有英文網頁)

＊青年旅館網站：www.tradchinese.hostelworld.com/(有中文網頁)

＊國際訂房網站：www.hotelclub.net/

＊Accor Hotels網站：www.accorhotels.com/

維也納住宿推薦

高級飯店

Hotel Sacher Wien

✉ Philharmonikerstrasse 4 A-1010
📞 (01)514-560
FAX (01)51456-810
http www.sacher.com/
$ €264～720
➡ 搭乘環城大道電車1、2號，在國家歌劇院下車，步行2分鐘

位於維也納國家歌劇院後側，前往觀賞歌劇非常方便。此飯店外觀為古典建築，內部裝潢以洛可可風格為主，這家飯店的招牌點心「Sacher Torte」是維也納最著名的巧克力蛋糕，吸引許多遊客前來購買。

Imperial Hotel Vienna

位於環城大道旁，是一家古典優雅的高級飯店，由昔日的Wurttemberg皇宮改造而成，最大特色是裡面每個房間設計成不同風格，散發出宮殿般豪華氣息。

✉ Karntner Ring 16 A-1015
📞 (01)501-100
FAX (01)50110-410
http imperial.viennahotels.it/
$ €244～605
➡ 搭乘環城大道電車1、2號，在市立公園下車，步行2分鐘

Grand Hotel Vienna

✉ Karntner Ring 9 A-1010
📞 (01)515-800
📠 (01)5151-310
🌐 www.jjwhotels.com/en/grandhotelwien/
💲 €224～840
➡ 搭乘環城大道電車1、2號，在國家歌劇院下車即可抵達門口

　位於環城大道旁，鄰近維也納國家歌劇院；此飯店外觀為古典樣式，內部房間裝飾充滿歐洲風格；此外，這裡附設的Le Ciel餐館、Unkai日本料理餐廳、Grand Café咖啡館兼餐廳、酒吧等頗受遊客青睞。

Hilton Vienna Stadtpark

　靠近市立公園的大型建築物，此飯店房間多達600間，設備齊全，舒適又現代化；從這裡附近可搭乘CAT快線火車直抵維也納機場。

✉ Am Stadtpark 3 , A-1030
📞 (01)717-000
📠 (01)7130-691
🌐 www.hilton.de/wien
💲 €159～749
➡ 搭乘環城大道電車1、2號，在市立公園下車，步行5分鐘

Bristol Hotel Vienna

位於環城大道旁，鄰近維也納國家歌劇院，往
前走不遠，可抵達史蒂芬大教堂。此飯店內部設
備現代化，附設有古典風格的咖啡館。

- ✉ Karntner Ring 1 A-1015
- ☎ (01)515-160
- FAX (01)51516-550
- @ hotel.bristol@luxurycollection.com
- $ € 201～367
- ➡ 搭乘環城大道電車1、2號，在國家歌劇院下車步行約
  1分鐘

中級飯店

Mercure Europaplatz Hotel Vienna

距離西火車站和瑪麗亞大街很近，前往搭
車或購物、用餐都很方便，此飯店屬於歐洲
飯店系統Accor集團旗下，設施完善而現代
化。

- ✉ Matrosengasse 6-8 A-1060
- ☎ (01)599-010
- FAX (01)5976-900
- http www.mercure.com/
- $ € 99～169
- ➡ 搭乘地鐵U3、U6或地上電車5、6、18、52號至西火車
  站，然後步行約5分鐘

Kummer Hotel Vienna

　　位於熱鬧的瑪麗亞大街，周遭有地鐵站、餐廳、咖啡館、服飾店、購物中心等；往前走不遠是西火車站。此飯店外觀為古典建築，內部有95個房間，設備齊全舒適。

✉ Mariahilfer Strasse 71a, A-1061
☎ (01)588-950
📠 (01)5878-133
💲 €89～149
➡ 從西火車站步行5分鐘

Hotel zur Wiener Staatsoper

　　外觀為古蹟建築，裝飾非常典雅，此飯店有22個房間，皆附設衛浴設備、電話、吹風機、保險箱等。

✉ Krugerstrasse 11, A-1010
☎ (01)5131-274
📠 (01)513127-415
🌐 www.zurwienerstaatsoper.at
💲 €78～160
➡ 從國家歌劇院或聖史蒂芬大教堂，步行約5～10分鐘

Best Western Premier Hotel Romischer Kaiser

　　雖然不像大型飯店那般氣派豪華，但是建築物本身和內部氣氛都相當優雅，深受雅痞型的歐洲遊客喜愛。從這家飯店可步行前往觀賞歌劇或觀光，此外，購物和用餐也很方便。

✉ Annagasse 16
☎ (01)51277-510
FAX (01)512775-113
http book.bestwestern.com
$ €127～212
➡ 從國家歌劇院或聖史蒂芬大教堂，步行約5～10分鐘

Graben Hotel Vienna

　　靠近聖史蒂芬大教堂和繁華的購物街，無論觀光或購物、用餐都相當方便。
　　此旅館屬於四星級，內部房間以歐式風格為主，設備完善又現代化，附設的餐廳供應有國際性飲食。

✉ Dorotheergasse 3
☎ (01)51215-310
FAX (01)512153-120
http www.kremslehnerhotels.at/hotel_graben.htm
$ €110～195
➡ 從聖史蒂芬大教堂步行約3分鐘

Hotel ibis Wien Mariahilf

　　靠近瑪麗亞大街的中級旅館，裡面設備齊全，大廳擺有可以投幣上網的電腦。
　　此旅館屬於Accor飯店集團旗下，有時會在網站上推出超優惠房價，此外、冬季期間，旅館大廳內有提供熱飲，讓住宿客人飲用。

✉ Mariahilfer Gurtel 22-24
☎ (01)59-998
FAX (01)5979-090
@ h0796@accor-hotels.com
http www.accorhotel.at
$ €69～84
➡ 從維也納機場搭機場巴士至西火車站，然後步行3分鐘

經濟型飯店

Pension Suzanne

　　位於公寓內的民宿，從這裡步行至國家歌劇院、聖史蒂芬大教堂都很近。房型分成單人、雙人、3人公寓等，附設有衛浴、電視和保險箱。

　　此民宿旅館屬於家族經營、已跨越兩代的時間，內部充滿十九世紀風格，但可使用免費的網際網路。

- ✉ Walfischgasse 4
- ☎ (01)5132-507
- 📠 (01)5132-500
- @ info@pension-suzanne.at
- http www.pension-suzanne.at
- 💲 €77～119
- ➡ 從國家歌劇院或聖史蒂芬大教堂，步行約5～10分鐘

Pension Neuer Markt

　　位於公寓內第2、3樓的民宿，裡面有的房間附設衛浴設備，有的房間則使用公共衛浴，收費比較低廉。

　　這家民宿旅館共有37個房間，屬於家族經營、已歷經兩代，可24小時辦理住房服務。

- ✉ Seilergasse 9
- ☎ (01)5122-316
- 📠 (01)5139-105
- @ neuermarkt@hotelpension.at
- http www.hotelpension.at/
- 💲 €43～130
- ➡ 從國家歌劇院步行約5分鐘

薩爾斯堡住宿推薦

高級飯店

Hotel Sacher Salzburg

　　面對薩爾斯河,可遠眺城堡和舊城區景致,佔有極佳的地理位置。此飯店外觀為古典建築,由建築師Carl Freiherr von Schwarz設計,於1863～1866年建造。內部房間裝潢呈現不同風格,從家具、床組、窗簾到擺飾等皆充滿優雅的品味。

　　這家飯店與維也納的薩荷飯店屬於同一集團,所以在這裡、亦可品嚐著名的薩荷蛋糕;面對著河岸的咖啡館,經常高朋滿座、頗受遊客青睞。

✉ Schwarzstraße 5-7
☎ (0662)889-770
FAX (0662)88977-551
@ salzburg@sacher.com
http www.sacher.com
$ €183～238
➡ 從中央火車站搭乘巴士1、5、51號,在Makartplatz下車,步行約1分鐘;或搭計程車10分鐘

Hotel Bristol Salzburg

✉ Makartplatz 4
📞 (0662)873-557
📠 (0662)8735-576
@ hotel.bristol@salzburg.co.at
🔗 bristol.algo.at/
💲 €150～330
➡ 從中央火車站搭乘巴士1、5、51號，在Makartplatz下
　車，步行約1分鐘；或搭計程車10分鐘

　　此飯店位置極佳，隔街的對面是莫札特故
居，後面是米拉貝爾花園，周邊還有三位一體
教堂和州立劇院。飯店外觀優雅，內部房間有
的裝潢華美如宮殿，有的走冷調設計現代風。

中級飯店

Hotel Elefant

　　屬於Best Western
飯店集團旗下，外觀
為古典建築，內部充
滿優雅氛圍；從這裡
步行不遠即可抵達莫
札特出生地博物館。

✉ Sigmund-Haffner-Gasse 4
📞 (0662)843-397
📠 (0662)84010-928
@ elefant@bestwestern.at
🔗 www.elefant.at/
💲 €85～176
➡ 從中央火車站搭乘巴士3、5、6號，在Rathaus下車，然後步行約5
　分鐘；或搭計程車10分鐘

Crowne Plaza The Pitter Hotel Salzburg

屬於國際連鎖型四星級旅館,是大型旅遊團最常利用的住宿地點;此飯店設備現代化、服務品質十分優良。

✉ Rainerstrasse 6-8
☏ (0662)88-978
FAX (0662)878-893
@ crowneplaza.pitter@imlauer.com
http www.salzburg.crowneplaza.com/
$ €125～155
➡ 從中央火車站,搭乘巴士1、2號,在三位一體教堂下車,步行約5分鐘

Altstadthotel Amadeus in Salzburg

外觀為歷史建築物,是一家三星級旅館,從這裡步行至莫札特故居博物館、米拉貝爾花園並不遠。

此旅館房間雖然不大,仍不失整齊乾淨兼設備完善;有的房價包含早餐在內,可以坐在可愛小餐廳、享用歐式早餐。

✉ Linzer Gasse 43-45
☏ (0662)871-401
FAX (0662)8714-017
@ salzburg@hotelamadeus.at
http www.hotelamadeus.at/
$ €68～210
➡ 從中央火車站,搭乘巴士1、2號,在Makartplatz或三位一體教堂下車,步行約5分鐘

Hotel Altstadt Radisson SAS

位於舊城區的三星級旅館，外觀相當典雅，從這裡步行前往莫札特出生地博物館非常方便。

每當天氣晴朗時，此旅館附設的餐廳、會將桌椅擺設於戶外，坐在這裡用餐或喝咖啡，還可欣賞周遭的建築物和人潮。

- ✉ Rudolfskai 28/Judengasse 15
- ☎ (0662)8485-710
- FAX (0662)8485-716
- @ radisson-altstadt@austria-trend.at
- http www.radisson.com/salzburgat
- $ € 135～160
- ➡ 從中央火車站搭乘巴士3、5、6號，在Rathaus下車；或搭計程車10分鐘

Hotel Stein Salzburg

位於薩爾斯河畔，靠窗的房間可遠眺城堡和舊城區景觀。

此旅館本身屬於大型古典建築，夜晚時、經過燈光投射之後，散發出浪漫氣氛，站在對岸即可看到。

- ✉ Giselakai 3-5, Altstadt
- ☎ (0662)8743-460
- FAX (0662)8743-469
- @ salzburg@hotelstein.at
- http www.hotelstein.at/
- $ € 99～190
- ➡ 從中央火車站搭乘巴士3、5、6號，在Rathaus下車；或搭計程車10分鐘

Altstadt Hotel Restaurant Stadtkrug

這是一家四星級旅館兼餐廳,裡面有35個房間,住宿於此,可利用步行前往莫札特故居博物館和米拉貝爾花園。無論觀光、用餐或購物都非常方便。

此旅館頂樓附設的餐廳,充滿傳統風味;即使不住這裡,也有很多遊客前來享用午餐或晚餐。

- ✉ Linzergasse 20
- ☎ (0662)8735-450
- 📠 (0662)87354-554
- @ welcome@stadtkrug.at
- http www.stadtkrug.at/
- 💲 €83~199
- ➡ 從中央火車站搭乘巴士3、5、6號,在Rathaus下車;或搭計程車10分鐘

經濟型飯店

Hotel Am Dom(Pension)

座落於安靜的巷弄內,是一家小型旅館,附設有傳統的溫馨小餐廳,內部每個房間都有浴室和電話,雖然家具簡樸但不失乾淨舒適。

此旅館櫃台或餐廳天花板皆屬古典木造材質,看起來頗有古早味,在這裡亦可取得各種旅遊資訊和行程。

- ✉ Goldgasse 17
- ☎ (0662)842-765
- 📠 (0662)84276-555
- http www.amdom.at/index_en.html
- 💲 €58~117
- ➡ 從中央火車站搭乘巴士3、5、6號,在Makartplatz或Rathaus下車,步行約2~5分鐘;或搭計程車10分鐘

德文必備單字・用語教學

隨著觀光客越來越多，在奧地利多半可用英語溝通，萬一遇到只有德語標示，或者不會講英語的當地人，可多加利用以下例舉的單字。

基本上，德語前面的26個字母和英語相同，另外還有ä、ö、ü、ß等四個字母。必須注意的是雖然使用和英語一樣的字母，不過德語的發音卻有所差別，而且當兩個不同的單字組合時，發音亦有變化。

字母表

大寫	A	B	C	D	E	F	G	H	I	J	K	L	M
小寫	a	b	c	d	e	f	g	h	i	j	k	l	m
發音	a:	be:	tse:	de:	e:	ɛf	ge:	ha:	i:	jɔt	ka:	ɛl	ɛm

大寫	N	O	P	Q	R	S	T	U	V	W	X	Y	Z
小寫	n	o	p	q	r	s	t	u	v	w	x	y	z
發音	ɛn:	o:	pe:	ku:	ɛr	ɛs	te:	u:	fau	ve:	iks	ýpsilon	tsɛt

大寫	Ä	Ö	Ü	ß
小寫	ä	ö	ü	ß
發音	ɛ:	ø:	y:	ɛs'tsɛt

數字

1	2	3	4	5
eins	zwei	drei	vier	fünf

6	7	8	9	10
sechs	sidben	acht	neun	zehn

日期

Montag	星期一
Dienstag	星期二
Mittwoch	星期三
Donnerstag	星期四
Freitag	星期五
Sonnabend	星期六
Sonntag	星期日
Ostern	復活節
Weihnachten	聖誕節
Neujahr	新年

月份

Januar	一月
Februar	二月
Marsch	三月
April	四月
Mai	五月
Juni	六月
Juli	七月
August	八月
September	九月
Oktober	十月
November	十一月
Dezember	十二月

基本會話

Hallo	嗨 / 哈囉
Auf Wiedergören!	再見
Guten Morgen	早安
Guten Tag	日安
Guten Abend	晚安
Wie gent es Ihnen?	你好嗎？
Danke, sehr gut	謝謝，我很好
Danke, gut	謝謝，很好
Nicht so gut	不太好
Ja/Genau/Kla	是 / 對
Nein	不是 / 不對
Ich weiß	我知道
Ich weiß nicht.	我不知道
Entschulkigung !	對不起 (類似英文的 Excuse me)
Verzeihung !	對不起 (類似英文的Pardon)
Bitte	請

搭車用語

Bahnhof	車站
Touristik-Information	遊客資訊中心
Fahrplan	時刻表
Schalter	售票處

Automaten	自動售票機
Reservieren	預約
Fahtkarte	車票
Erster	頭等車
Zweiter	二等車
Nichtraucherabteil	禁煙車廂
Raucherabteil	吸菸車廂
Einfache Fahrtkarte	單程票
Rückfahrkarte	來回票
Gleis	月台
Eingang	入口
Ausgang	出口
oben	上
unter	下
busse	巴士
Zug	火車
Auto	汽車
Motorrad	摩托車
Taxi	計程車
fahrrad	腳踏車

觀光用語

Besichtigung	觀光
Rathaus	市政廳

關鍵字

Museum	博物館
Palais	宮殿
Schloss / Burg	城堡
Hof	宮廷
Kirche	教堂
Abtei	修道院
Theater	劇院 / 劇場
Opernhaus	歌劇院
Oper	歌劇
Operette	輕歌劇
Musik	音樂
Musiker	音樂家
Konzert	演奏會
Eintrittskarte	入場券
Sitz	座位

餐飲用語

Wiener schnitnel	維也納炸豬排
tafelspitz	奧地利牛肉湯
Gulasch	匈牙利紅燒牛肉
Sacher Torte	薩荷巧克力蛋糕
Strudel	水果捲
Stead	牛排
Höhmchen	烤雞

Vegetarisches	素食
Obstsalat	沙拉
Trinken	飲料
Bier	啤酒
Kaffee	咖啡
Tee	茶
Eis	冰淇淋
Einspanner	維也納咖啡
Schwarzer	黑咖啡
Melange	咖啡加淡牛奶
Brauner	咖啡加牛奶

機場用語

Flughafen	機場
Flugzeug	飛機
Flugticket	機票
Bordkarte	登機證
Ankunft	入境(抵達)
Abflüge	出境(離開)
Abfertigun-gsschalter	辦理登機 (check in) 櫃台
Inlandsfrlüge	國內班機
Internationale Flüge	國際班機
Flugsteige	登機門
Anschlußflüge	轉機

Poßkontrolle / Passkontrolle	護照檢查
Zollkontrolle	海關檢查
Zollfrei	免稅
Sicherheitskontrolle	安全檢查
Gepäckausgabe	提領行李

其他

Banken	銀行
Postamt	郵局
Postkarte	明信片
Brief	信件
Paket	包裹
luftpost	航空
Telefonieren	打電話
Internet	網路
WC 或 Toilette	廁所
Herren 或 Manner	男廁
Damen 或 Frauen	女廁

個人重要聯絡卡

姓名name：

年齡age：

血型blood type：

藥物過敏medicine that causes allergy：

宿疾existing physical problem：

護照號碼passport No.：

信用卡號碼：

海外掛失電話：

旅行支票號碼：

海外掛失電話：

緊急連絡人emergency contact(1)：

聯絡電話tel：

緊急連絡人emergency contact(2)：

聯絡電話tel：

台灣地址Taiwan add：

旅館名稱hotel：

旅館地址add：

旅館電話tel：

航空公司訂位電話：

保險公司電話insurance company tel：

行李箱密碼：

行李檢查表

打勾	物　品	補充說明
	護照	請確認有效期限，最少2個月。
	簽證	核對生效與截止日期，觀光還是商務，如果要順便去別的國家，記得 另外辦簽證。
	機票	往返時間要核對正確，機位必先確認，並帶著航空公司的當地訂位電話。
	提款卡／金融卡	記得先問發卡公司，叮否海外提款、及確認密碼。
	信用卡	如有必要，請發卡公司提高額度以備不時之需，並將海外救援及掛失電話抄起來。
	旅行支票	避免遺失被冒用，記得先在所有人欄上簽名。
	現金	記得多換些面額小一點的，以免大鈔有的店家不收。
	護照、簽證影本	兩份，一份帶著、一份給家人留著，不甚遺失時可以補辦。
	大頭照	數張，萬一補辦護照時需要，有時辦理當地一些證件時也用的著。
	洗衣粉	之前住宿旅館收集的小香皂也可以，方便攜帶。
	生理用品	自行斟酌。
	常備藥品	感冒藥、腸胃藥、止痛藥等慣用藥品，特殊藥品要要帶一份醫師處方籤，以備當地醫生開藥。
	雨衣、雨具	氣候難預料，有備無患。
	電壓轉換插頭	會使用電器者必備，最好準備2個，可同時使用筆記電腦、以及數位相機充電。
	相機、記憶卡、電池、充電器	注意記憶卡容量，多準備比較保險。
	電子字典	視個人需求，有時可以解決不少問題。
	迷你計算機	方便會計換算台幣金額，不至於不小心過度消費。
	塑膠袋	裝髒衣服。
	輕便的好書	等車或搭飛機時不無聊。

伴手禮採買計畫表

	人名	關係	交情	預算	禮物名稱	預計採購店家	替代品	實際金額	
								外幣	台幣
1			☆☆☆☆☆						
2			☆☆☆☆☆						
3			☆☆☆☆☆						
4			☆☆☆☆☆						
5			☆☆☆☆☆						
6			☆☆☆☆☆						
7			☆☆☆☆☆						
8			☆☆☆☆☆						
9			☆☆☆☆☆						
10			☆☆☆☆☆						
總金額									

我的私房新發現

照片、車票
相關小卡
黏貼處

手繪小map

DATA
✉
➡
休
http
☎
🕐
$
@

照片、車票
相關小卡
黏貼處

手繪小map

DATA
✉
➡
休
http
☎
🕐
$
@

開始到維也納看莫札特　So Easy 046

| 文　　字 | 王瑤琴 |
| 攝　　影 | 王瑤琴 |

總 編 輯	張芳玲
書系主編	林淑媛
特約編輯	馬栗亞
美術設計	戴玉茵
地圖繪製	戴玉茵

太雅生活館出版社
TEL：(02)2880-7556　FAX：(02)2882-1026
E-mail：taiya@morningstar.com.tw
郵政信箱：台北市郵政53-1291號信箱
網址：http://www.morningstar.com.tw

發 行 所	太雅出版有限公司
	111台北市劍潭路13號2樓
	行政院新聞局局版台業字第五○○四號
承　　製	知己圖書股份有限公司　台中市407工業區30路1號
	TEL：(04)2358-1803
總 經 銷	知己圖書股份有限公司
	台北分公司 台北市羅斯福路二段95號4樓之3
	TEL：(02)2367-2044　FAX：(02)2363-5741
	台中分公司　台中市407工業區30路1號
	TEL：(04)2359-5819　FAX：(04)2359-7123
	郵政劃撥　15060393
	戶　　名　知己圖書股份有限公司

| 廣告刊登 | 太雅廣告部 |
| | TEL：(02)2880-7556　E-mail: Taiya@morningstar.com.tw |

| 初　　版 | 西元2008年4月10日 |
| 定　　價 | 230元 |

(本書如有破損或缺頁，請寄回本公司發行部更換；或撥讀者服務部專線04-2359-5819)

ISBN　　　978-986-6952-99-9
Published by TAIYA Publishing Co.,Ltd.
Printed in Taiwan

國家圖書館出版品預行編目資料

國家圖書館出版品預行編目資料

> 開始到維也納看莫札特／王瑤琴作.攝影—
> —初版.——臺北市：太雅，2008.04
> 面；　公分 . ——（So easy；46）
> ISBN 978- 986-6952-99-9（平裝）
>
> 1.旅遊 2.奧地利維也納
>
> 744.1719　　　　　　　　　97004433

很高興您選擇了太雅生活館(出版社)的「生活技能」系列，陪伴您一起享受生活樂趣。只要將以下資料填妥回覆，您就是「生活技能俱樂部」的會員，將能收到最新出版的電子報訊息。

這次購買的書名是：生活技能／開始到維也納看莫札特 (So Easy 046)

1.姓名：＿＿＿＿＿＿＿＿＿＿＿＿＿＿＿ 性別：□男 □女

2.出生：民國 ＿＿＿ 年 ＿＿＿ 月 ＿＿＿ 日

3.您的電話：＿＿＿＿＿＿＿＿＿ E-mail：＿＿＿＿＿＿＿＿＿＿＿＿＿

　地址：郵遞區號□□□ ＿＿＿＿＿＿＿＿＿＿＿＿＿＿＿＿＿＿＿＿

4.您的職業類別是：□製造業 □家庭主婦 □金融業 □傳播業 □商業 □自由業 □服務業
　　□教師 □軍人 □公務員 □學生 □其他

5.每個月的收入：□18,000以下 □18,000~22,000 □22,000~26,000 □26,000~30,000
　□30,000~40,000 □40,000~60,000 □60,000以上

6.您是如何知道這本書的出版？□＿＿＿＿＿＿報紙的報導 □＿＿＿＿＿＿報紙的出版廣告
　□＿＿＿＿＿＿雜誌 □＿＿＿＿＿＿廣播節目 □＿＿＿＿＿＿網站 □書展
　□逛書店時無意中看到的 □朋友介紹 □太雅生活館的其他出版品上

7.讓您決定購買這本書的最主要理由是？ □封面看起來很有質感 □內容清楚，資料實用
　□題材剛好適合 □價格可以接受 □資訊夠豐富 □內頁精緻 □知識容易吸收 □其他

8.您會建議本書哪個部份，一定要再改進才可以更好？為什麼？

9.您是否已經照著這本書開始旅行？使用這本書的心得是？有哪些建議？

10.您平常最常看什麼類型的書？□檢索導覽式的旅遊工具書 □心情筆記式旅行書
　□食譜 □美食名店導覽 □美容時尚 □其他類型的生活資訊 □兩性關係及愛情
　□其他

11.您計畫中，未來想要學習的嗜好、技能是？ 1.＿＿＿＿＿＿＿＿ 2.＿＿＿＿＿＿＿＿
　3.＿＿＿＿＿＿＿＿ 4.＿＿＿＿＿＿＿＿ 5.＿＿＿＿＿＿＿＿

12.您平常隔多久會去逛書店？□每星期 □每個月 □不定期隨興去 ＿＿＿＿＿＿＿

13.您固定會去哪類型的地方買書？□＿＿＿＿＿＿連鎖書店 □＿＿＿＿＿＿傳統書店
　□＿＿＿＿＿＿便利超商 □＿＿＿＿＿＿網路書店 □其他＿＿＿＿＿＿＿＿＿＿

14.哪些類別、哪些形式、哪些主題的書是您一直有需要，但是一直都找不到的？

15.您曾經買過太雅其他哪些書籍嗎？＿＿＿＿＿＿＿＿＿＿＿＿＿＿＿＿＿＿＿

填表日期：＿＿＿＿ 年 ＿＿＿＿ 月 ＿＿＿＿ 日

太雅生活館　編輯部收

10699　台北郵政53～1291號信箱

電話：(02)2880-7556

傳真：**02-2882-1026**

(若用傳真回覆，請先放大影印再傳真，謝謝！)

太雅生活館

有 品 味 的 生 活 學 習 ， 從 太 雅 生 活 館 開 始